バレエ王国ロシアへの道

村山久美子
Kumiko Murayama

TOYO SHOTEN
SHINSHA

バレエ王国ロシアへの道　目次

バレエ王国ロシアへの道

はじめに

私は二〇〇一年に、東洋書店新社の前身である東洋書店からお話をいただき、『知られざるロシア・バレエ史』というブックレットを出版した。それは、大学院からその当時までに執筆し学会誌に掲載された論文のいくつかを集めたもので、大学時代からロシア・バレエ史の研究を続けてきた私の当時の研究段階での、ロシア・バレエならではの面白い時代を取り上げた本だった。

その後、ロシア・バレエ史の様々な時代に関する論文を書き進めていたところ、東洋書店を新たに建て直した東洋書店新社の編集者岩田悟さんから、『知られざるロシア・バレエ史』を大幅に膨らませた、より広い読者層向けのロシア・バレエ史の本を出しませんかというお話をいただいた。ロシア・バレエ史を手掛けようという出版社が少ないなかで、とてもうれしいお誘いだった。

このような出版の経緯から、本書は、私の長年のロシア・バレエ史研究の論文を基にし、かつ、読み物としての面白さを念頭においたものとなり、ロシア・バレエの歴史の流れを網羅的に追っていくものではなく、主として、ロシアがバレエ王国を築くことになったいくつかのターニングポイントとしての振付家たちの芸術を、先行者の影響も論じながら時系列でつないだものとなった（時代を追って論じているとはいえ、各章は独立して完結しているため、どの章からお読みいただいてもさしつかえない）。

バレエ史を現代の読者の方々に興味をもって読んでいただくには、現在見ることができるバレエの舞台とのつながりを本のなかに見出していただくようにしなければいけないと思う。ロシアがバレエ上演を始める一八世紀を扱った第一章から一九世紀初頭までを扱った第四章まででは、作品としては現代の舞台に直結してはいないが、現在に至るロシア・バレエの伝統の基盤が、この時期に出来上がったことをご理解いただけると思う。

そして、第五章で扱っているマリウス・プティパの時代は、現在世界で上演されている古典バレエ作品の原典版の多くが、ロシアで彼の手により生み出されたときである。第六章以降の振付家たちの作品は、反発した振付家も含めてプティパの影響を受けて創作を行い、その作品が現在上演されている、いないにかかわらず、現代のバレエの舞台に大きな影響を及ぼしている。

本書をお読みいただくことで、ロシアをこれほどまでに熱中させ、今や世界に普及しているバレエ芸術の、大きな魅力をより深く味わっていただけたら幸いである。

第一章

バレエ王国への出発

ロシアでは一九世紀後半、バレエ芸術が大きく開花し、『白鳥の湖』『眠れる森の美女』などの、今日バレエの代表作と考えられている作品が次々と生まれた。だが、一九世紀初頭まで、ロシアはバレエの後進国だった。ロシアは、ルネサンス期にイタリアで生まれフランスで育ったバレエを、本格的には一八世紀から移入し、自国の文化に溶け込ませていったのである。そうして一九世紀初頭には、ロシアのバレエのスタイルの基礎が固められ、外国のスターだけではなくロシア人のスターも活躍するようになる。一九世紀初頭にロシア・バレエの指導者となり、その基盤を作り上げたのはシャルル＝ルイ・ディドロ（一七六七〜一八三七）であるが、このディドロの仕事と、それに先行する一八世紀のバレエ移植の状況は、一九世紀後半から今日に至るまでのロシア・バレエの繁栄とそのスタイルに大きな影響を及ぼしていると言える。そこでここでは、その影響がどのようなものであったかをみるために、一八世紀のバレエ移植の状況を検討したい。ディドロの仕事については、次章で扱う。

I　ロシアでのバレエ上演の始まりとバレエ学校の創立

バレエという言葉やバレエと呼ばれる作品が現れるのは、一六世紀のフランスにおいてであるが、その形態はイタリアでルネサンス期に誕生していたものであり、一四〜一五世紀によく見られた無言劇や仮面劇、「詩、音楽、舞踊の調和」を目指した幕間劇インテルメディオなどから生まれてきたものと言われ、これらに類似するものだった。それはやがて、メディチ家の娘カトリーヌ・ド・メディシス（一五一九〜八三）がフランスのアンリ二世に嫁ぐことにより、フランス宮廷にもたらされ、ルイ一四世（一六三八〜一七一五）の時代に著しく発展し花開く。

ロシアで最初のバレエ上演は、一七世紀後半のアレクセイ皇帝の時代（一六四五〜一六七六）で、皇帝一家と廷臣たちのために上演されたプロテスタントの牧師ヨハン・グレゴリー演出の『オルフェイとエウリディーチェ』（一六七三）とされている。理解のために言葉の違いの障害がなく、また、豪華な衣裳や装置の使用が当然となっていたバレエは、富や勢力の誇示に役立ったため、王政の最後まで、世界的に国家権力と結びついていた。一七世紀に西欧との交流が盛んになり、西欧でバレエを見たロシアの大使や旅行者たちは、すぐにバレエに大きな関心を示したのだった。一七世紀にはこのほかに二つのバレエが上演された記録があると舞踊史学者ヴェーラ・クラソフスカヤ（ソ連時代、ロシア・バレエ史研究の第一人者）は記しているが、題名は残っていない。

とはいえ、本格的にバレエの移植が始まるのは、一八世紀前半、アンナ女帝の時代（一七三〇〜四〇）からである。一七三五年には、作曲家フランチェスコ・アライヤ（アラーヤ）（一七〇九〜六七以降）をリーダーとするイタリアの歌劇団がロシアの宮廷で公演するようになった（一七五九年まで）。そしてバレエの方では、イタリア人アントニオ・リナルディ（通称フザノ——イタリア語Fusanoから）（?〜一七五八）がやって来た。彼はロシアに最初に招かれたバレエマスター（振付、指導、カンパニーの運営に携わる役職）で、一七三五年から三八年と一七四二年から五八年にロシアに滞在し、宮廷のイタリアの歌劇団に付属するイタリアのバレエ団を率いていた。ルイ一四世時代の繁栄の後、一八世紀のバレエは、世紀の半ば過ぎまでオペラの付属物となっていたのである。リナルディ率いるこのイタリア人によるロシアの宮廷バレエ団も、オペラのシーンを豪華に装飾したり、コンサートやオペラなどの小品からなる公演での一幕ものバレエの上演などを行っていた。踊りは宮廷舞踏会でのダンスとほぼ同じであり、メヌエット、コントルダンス、アルマンドなどがペアで踊られた。衣裳も宮廷で流行している舞踏会用のもので、女性は床すれすれまでの丈のドレスであり、脚を四五度以上あげる動きは使われなかった。跳躍や回転、足を打ち合わせるステップはこの時代は男性が行った。

一七三八年には、ロシア最古のバレエ学校（現ワガーノワ・バレエ・アカデミー）がサンクト・ペテルブルグに創立され、自国でのダンサーの養成も開始された。宮廷劇場ではイタリア人ダンサーが活躍していたが、帝室バレエ学校の教育は、貴族の子弟を教育する貴族幼年学校の舞踏クラス（貴族の教養として舞踏会の舞踏を教えた）教師だったフランス人、ジャン・バチスト・ランデ（?～一七四七）に任された。ランデが、ロシア人ダンサーの養成の必要性を唱え、アンナ女帝にバレエ学校創立を請願したからである。

その後、一七五九年に二人めのバレエマスター、オーストリア人のフランツ・ヒルファーディング（一七一〇～六八）が招聘され、一八世紀のロシア・バレエ界は大きな変化を見せる。ヒルファーディングは、当

ワガーノワ・バレエ・アカデミー前の「劇場通り（現ロッシ通り）」（20世紀初頭）

時西欧のバレエ界に大きな変化をもたらしつつあった百科全書派たちに影響されたバレエ改革者の、リーダーの一人だった。こうして、ヒルファーディング以降、彼の弟子をはじめ西欧のバレエ改革を推進したバレエマスターたちが次々とやって来て、ロシア・バレエの基盤を作っていくことになったのである。

II 一八世紀のバレエ改革

一七世紀のとくに後半、自らバレエを踊りバレエ上演に大きな力を注いだルイ一四世の時代、フランスを中心とする西欧のバレエ界では、ルイ一四世のダンス教師であったピエール・ボーシャンがバレエの基本の五つの足のポジションを考案し、様々なテクニックやポーズの開発も進んだため、バレエの技術は著しい発展を遂げた。だがその弊害として、続く一八世紀前半、踊り手は妙技を売りものにし、ドラマよりもテクニックを見せることを目的としている作品、小曲を並べるディヴェルティスマン的作品がはびこるようになった。前述したように、この時代、バレエがオペラの装飾のようになってしまったのは、このようなバレエのテクニック偏重傾向ゆえのことだった。このバレエの芸術としての危機的状況を見て、演劇的な舞踊、劇的な表現としてのバレエ芸術が消滅してしまうことを懸念した振付家たちは、バレエの改革を唱え始める。

この時代のバレエ改革者たちは、彼らの理論を代表するとされる『舞踊とバレエについての手紙』の著者として有名なフランス人ジャン＝ジョルジュ・ノヴェール（一七二七〜一八一〇）を中心とする派と、ウィーンを本拠地として活動し、ロシアに招聘されてバレエを育てた前述のオーストリア人ヒルファーディング派に分かれ、激しい論争を繰り返していた。しかし両派とも、ドゥニ・ディドロ（一七一三〜八四）やヴォルテール（フランスア＝マリ・アルエ）（一六九四〜一七七八）などの百科全書派（一八世紀後半に刊行された、啓蒙思想の集大成であるフランスの百科事典の執筆者たち）と親交があり、彼らの芸術観に通じる舞踊・演劇論を唱えており、基本的な主張としては後述する「バレエ・ダクション」を目指していた。理論の大きな対立があったというよりは、バレエ改革の主導権争いだったと言える。

それゆえ、一八世紀にロシア・バレエの基盤を築いていった西欧のバレエ改革者たちの芸術観の基本的要素については、一八世紀のバレエ改革理論として世界的に普及しているノヴェールの著書『舞踊とバレエについての手紙』に基づいて詳しく見ていくことにしたい。

ジャン＝ジョルジュ・ノヴェール

III　ノヴェールの理論

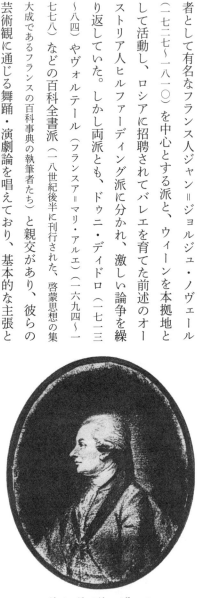

ノヴェールは『舞踊とバレエについての手紙』の中で、バレエの理想形を古代ギリシャ、ローマのパントマイムと考えている。つまりそれは、ルネサンス期に誕生したバレエ芸術を、本来のあるべき姿にするという主張と考えられる。そして、バレエを古代のパントマイムのように人間の姿、感情を描く芸術とするために、二本立ての論が展開されている。その一方が、ドラマを生み出すために必要不可欠な演劇的舞踊（＝バレエ・ダクション）をバレエに戻すことであり、もう一方が、古典主義からの脱皮の必要性である。

『舞踊とバレエについての手紙』は一五章から成り、各章の見出しは次の通りである（見出しの邦訳は、小倉重夫他訳『舞踊とバレエについての手紙』より抜粋）。

（i）絵画と舞踊の関係――シンメトリ――について
（ii）劇的真実
（iii）登場人物の個性化
（iv）振付者、踊り手の創造と実験
（v）振付師はすべての芸術に精通せよ
（vi）文学からの主題の採用、色彩、遠近法の利用
（vii）バレエとディヴェルティスマンの相異
（viii）芸術家たちの協力、衣裳について
（ix）仮面について
（x）ジェスチャーについて

（xi）踊り手の肉体と訓練について
（xii）技巧の生理学について
（xiii）舞踊譜について
（xiv）ノヴェールのバレエ作品一
（xv）ノヴェールのバレエ作品二

これらの見出しからは、当時のバレエ改革者たちの理論の輪郭が見えてくるが、より具体的に要約してみると、まず演劇的な舞踊を生み出すためには、技術のみを見せるのではなく、身ぶりや表情の真に迫った表現を通して、感情や情動を観客に伝えるべきであるということ、振付家は宇宙に存在する森羅万象すべてを模倣すべきであること、優れた文学がバレエの格好の題材になるということ、普通の人間を舞台に登場させ、人間に共通する感情を伝えるべきであること、振付家はすべての芸術に精通しているべきであること、音楽や美術もバレエの重要な要素であるため、大きな配慮が必要であること、踊り手は、脚だけでなく、腕や頭の位置など体全体でニュアンスを表現すべきであること等。古典主義からの脱皮に関しては、表情は魂をさらけ出す大切な表現手段であるから、仮面をつける習慣は廃止すべきであること、三一致の法則が無意味であること、役にふさわしく、動きを束縛しない衣裳をつけるべきであること等々である。このような理論による上演活動によって、バレエは、身振りや表情の真に迫った表現で感情を語ることが重要視され、言葉を用いない身体表現の芸術となっていったのである。

バレエ改革の理論が百科全書派のディドロの意見と一致することは、下記のノヴェールの記述から明らかである。

ディドロは哲学者で、いわゆる素朴な真実と美、つまり自然の友人でもあり、彼もまた、個人の想像力より人間全体から引き出してきたものによってフランスの舞台を豊かにしようとしている。彼は、芝居がかりの身振りよりパントマイム、大げさな朗唱術より自然の声、安もののごてごて飾りより簡素な衣裳、おとぎ話より真実、自然をゆがめて戯画化したへたくそな似顔絵や、ややこしい対話より機知と常識を優先させようとしたのである。（J・G・ノヴェール『舞踊とバレエについての手紙』小倉重夫他訳、春秋社、一九六八年、一八五頁）

また、ヴォルテールがノヴェールの芸術論と演出振付を称賛する手紙を送っていることも、二人の芸術観の一致を語っている。その一部をここに挙げておく。

一七六三年一月一一日
あなたの天才的なお仕事、拝読させていただきました。感謝いたすとともに尊敬いたしております。あなたは、舞踊について論じると同時に、あらゆる芸術にも効力のある光を投げかけています。あなたのバレエ作品におけるイマジネーションと同じほどに感動的な著作です〔…〕(Noverre, J. The works of Monsieur Noverre. London, 1978, p. LXI.より筆者訳)

こうして、百科全書派の芸術観と一致したバレエを目指す改革は、バレエを、オペラに付随する装飾ではなく一つの独立した芸術ジャンルとして確立し、しかも、舞踊、音楽、美術が結合した劇としての道へと導いたのだった。

Ⅳ　ロシア・バレエの基盤作り

以上に述べたような改革派の理論をロシアで実践したのは、まず、エリザヴェータ女帝時代（一七四一〜六二）にロシアに招かれた前述のバレエマスター、ヒルファーディングである。

彼は一七五九年から六年間ロシアに滞在した。高い教養と振付の才能をもつヒルファーディングは、マリア・テレジアの寵愛を受け、ウィーンの二つの宮廷劇場のバレエマスターを務めていた。彼の後にペテルブルグにやって来た一番弟子ガスパロ・アンジョリーニ（一七三一〜一八〇三）をはじめとして、バレエの改革を唱える者たちがウィーンにいる彼のもとに集まり、ウィーン派を形成していたほどに西欧では力をもっていた。ノヴェール派との主導権争いは、ヒルファーディングを中心として始まり、後に、アンジョリーニがリーダーを引き継いだ。ヒルファーディングはこのような大人物であったため、エリザヴェータ女帝が直接マリア・テレジアに願い出て、彼をロシアに招いたのだった。

ヒルファーディングのロシアでの活動の資料は豊富ではない。西欧での創作活動では、彼は古典主義で好まれた厳格さや揺るぎない力を象徴するような対称形のグループ配置をやめ、動きを頭や腕だけでなく全身による身体表現とし、ラモーの劇的なオペラ曲でバレエを作るなど、革新的な試みを行った。図1の『寛大なトルコ人』（初演一七五九年）という、彼がペテルブルグへ出発する直前の作品の一コマからは、今にも殺害されそうな捕虜とトルコのパシャとの緊張関係がよく伝わってくる。

ヒルファーディングはしばしば、フランス古典悲劇を「パントマイム・バレエ」（当時のバレエ改革者が目指した、マイムと踊りが境なく結びついたバレエと考えられる）に作り変えることを試みた。それらの中の有名な作品の一つが、ロシアに来た直後の一七六〇年にペテルブルグで初演し、一七六五年にウィーンで再演した『北風ボレアースに対するフローラの勝利』（図2）である。この作品は、ロシアのバレエで初

図1『寛大なトルコ人』

めて自然を扱ったもので、自然を客体として見ずに、その美しさに気づかなかった古典主義からの大きな変化として注目されている。冷たい冬に閉ざされた場面から始まり、ゼフィールとフローラの北風に対する勝利によって雪が溶け春の訪れで終わるこのバレエに対し、二〇世紀ロシアの著名な音楽学者ゴーゼンプードは、ロシアの芸術においては、絵画に次いで音楽舞踊芸術が自然を自分との距離をおいて描写したと、高く評価している。ただし、この問題に関してはまだヒルファーディングのこのバレエに関する資料が十分に発掘されていないため、今後慎重に検討しなければならないだろう。

V　ロシアで創作された最初のバレエ

さて、ロシアでヒルファーディングのバレエの台本を担当したのは、当時ロシアで最もめざましい文学、舞台芸術活動をしていた戯曲作家アレクサンドル・スマローコフ（一七一八～七七）だった。エリザヴェータ女帝の治世後半には、ついにロシアのオペラとロシアのバレエが誕生するが、その中心的役割を担ったのが、

図2『北風ボレアースに対するフローラの勝利』

まさにスマローコフだった。

スマローコフは一七四〇年代から自分の戯曲を演出し、一七五六年の国立ロシア劇場創設時から一七六一年まで、この劇場のディレクター兼芸術監督を務め、劇場のために多くの戯曲を書いた。

貴族幼年学校出身の彼は、在学中の舞踏クラスで、当時流行だったメヌエットを見事に踊り、宮廷の舞踏会でも踊りの名手だった。そんな彼の音楽、舞踊、文学の才能は、演劇だけでなく、ロシアのオペラやバレエの下地作りに大いに貢献したのだった。

一七五五年に、スマローコフは初めてロシアで創作されたオペラ『ケパロスとプロクリス』の台本を書き、上演は大成功を収めた。このオペラの特徴は、当時ロシアで盛んに行われていたイタリアやフランスのオペラ・セリヤが通常バレエを含んでいたのに対し、バレエ場面を全く入れなかったことである。舞踊を愛していたスマローコフは、オペラとバレエを同等のものと考えていたため、オペラの付属物のようにバレエを挿入することを避けたと言われている。そして、バレエをシリアスな芸術にふさわしいものと考えていたスマローコフは、一七五九年、いよいよ初めてのロシアのバレエと言われるドラマ＝バレエ『美徳の隠れ家』の台本を書く。

バレエの演出振付は前述のヒルファーディングである。この作品の場合は、作家本人によりドラマ＝バレエというジャンル名がつけられているように、身体表現だけでなく台詞や合唱の歌詞も含まれていた。内容はエリザヴェータ女帝を賛美する愛国的なもので、主要な役はロシア人が演じた。スマローコフと多くの共同作業を行った演劇界の名優、フョードル・ヴォールコフ（一七二九～六三）とイワン・ドミトレーフスキー（一七三四～一八二一）も主要な役で出演した。このバレエには多くの舞踊的パントマイムの場面が含まれていたが、ヴォールコフとドミトレーフスキーは、貴族幼年学校で帝室バレエ学校長ランデの助手ネステロフなどから、当時としては最高レベルまでの舞踊を学んでいたため、問題はなかったと考えられる。舞踊シーンは、バレエ学校で育ったロシアのダンサーとイタリアのダンサーが踊った。

以下に『美徳の隠れ家』の筋を要約しておく。

「美徳」が居場所を探して世界を遍歴するが、探し出せずに絶望する。天に祈ると知の女神ミネルヴァが現れ、道を指し示す。静かなコラールの音楽を聞きながらその道を進んでゆくと、舞台は突然広大な海となり、「美徳」はロシアの岸辺にたどりつく。海は学問を象徴する七本の柱のある壮大な建物に変わり、ロシアの鷲が明るい雲の中で翼を広げ、学問と芸術の擁護を表現する。人々は「美徳」が自分たちのもとに身を落ち着けたことを喜び、合唱と舞踊で女帝を賛美する。

一九世紀以降、ロシア・バレエは演劇、文学と結びついて発展していく。その歩みは、以上のように、ロシアのバレエの第一作が、ドラマ＝バレエと呼ばれる演劇的な作品であったこと、そして、内奥の悶々とした悩みを吐露する作品が特徴であった戯曲作家スマローコフが、その創作の中心となったこと、さらに、演劇界の名優が主要な役となったことにも、バレエ改革者たちによって植え付けられたノヴェールの理論同様に、影響を受けているのではないかと考えられる。

VI　ノヴェールの宿敵ガスパロ・アンジョリーニ

エリザヴェータ女帝時代に続き、ロシアの貴族文化が黄金時代を迎えたエカテリーナ二世時代（一七六二〜九六）、ヒルファーディングの次にペテルブルグにやって来たのは、その優れた弟子であるイタリア人ガスパロ・アンジョリーニである。滞在期間は一七六六年から一七七二年、一七七六年から一七七九年と一七八二年から一七八六年である。

師がロシアに招かれた後ウィーンのバレエマスターとなった彼は、卓越した才能の持ち主であったためにウィーンの知識層の花形となり、作曲家グルックが好意を寄せて自らバレエの台本を提供し、共同制作をもちかけた。

アンジョリーニは、師ヒルファーディングに続いて、基本的にはノヴェールと共通する部分も多いバレエ改革論を唱え、著書『バレエ＝パントマイムに関するガスパロ・アンジョリーニからノヴェール氏への手紙』等々も出版したが、イタリア語であったためにノヴェールの著書ほど世界に普及せず、後者の方が有名となったと言われている。しかし、振付や演出のアイデアなど実践では、ノヴェールよりも独創性ある大胆な試みを行った。ノヴェールが古典主義時代から受け継いでいる神話的バレエを創作していた頃、アンジョリーニは処女作で、モリエールの『ドン・ジュアン』を原作とした『石の客』（初演一七六一年）を発表した。このバレエは、コンメディア・デラルテの物真似の手法を取り入れ、当時の超自然への好みも反映し、大成功を収めたのである（音楽はグルック、台本はカリツァビジ。オペラ、バレエの創作の経験豊かなこの二人が作品の成功に大きく貢献したことも、もちろん忘れてはならない）。『石の客』は、その後多くのバレエマスターの手で再演された。

ロシアでの活動は、ヒルファーディング同様、具体的内容の資料は少ない。大作として、一七七二年に、スマローコフの悲劇『セミーラ』をバレエ化したことが知られている。音楽の才にも恵まれていたアンジョリーニは、しばしば自分のバレエの作曲も行ったが、『セミーラ』でも彼が音楽を書いた。初演のプログラムに彼が書いた前書きによれば、このバレエは「この北方のコルネーユ〔スマローコフのこと〕のあふれんばかりの想像力を、できる限り正確に追ってゆく」方針で創作された。主人公オスコリドとオレーグの軍の戦いの群舞の壮大さや、自由を得るために高貴な人々が戦うという当時のバレエには新しい内容が称賛されたという。アンジョリーニのバレエでは、ロシアのダンサーのみ、あるいは、わずかのソリスト役だけをイタリア人が踊った。

アンジョリーニは、ヴォルテールの悲劇を原作としたバレエの創作もロシアで行っている。彼はヴォルテールと親交があり、共和制を支持した自由主義者だった。師ヒルファーディングを継いで西欧のバレエ改革のリーダーの一人となった彼は、悲劇的パントマイムのパイオニアの一人と考えられている。

Ⅶ　その他の指導者たち

前述したバレエ改革の二人の大御所のロシア滞在の後にも、ノヴェールの愛弟子のイタリア人シャルル・ル・ピック（一七四九〜一八〇六）、ウィーン派のヨーゼフ・カンツィアーニ（一七五〇以前〜一七九三以降）、カンツィアーニの弟子であるロシア人イワン・ワリベルフ（一七六六〜一八一九）らが、一八世紀、ロシアのバレエを育て上げていった。

一七八六年から一七九八年にロシアに滞在したル・ピックは、師ノヴェールの数々の作品を再演しロシアに紹介した。特に、一七八九年に上演された『メディアとイアソン』は、大好評を博した。

一方、一七九五年にバレエマスターとしてデビューしたワリベルフは、ロシア人初のバレエマスターとして重要である。彼は、カンツィアーニの秘蔵っ子として、優れた舞踊手兼バレエマスターに育て上げられた。一七九九年に彼が創作した『新しきウェルテル』は、ゲーテの『若きウェルテルの悩み』を原作にしたと考えられ、貧乏な歩兵と名家の子女の恋が描かれている。フランスに留学したワリベルフは、フランスのメロドラマから数多くのバレエを創作している。

これまでに述べてきたように、一八世紀、ロシアの宮廷は、国力を誇示することに役立つ豪華な芸術、バレエに大きな力を注ぎ、多額の俸給を支払って、世界一流のバレエマスターたちを招聘し、この芸術を発展させた。しかも、そのバレエマスターたちは、百家全書派の芸術観に共鳴するバレエ改革者であり、人間の熱い感情の流れるドラマティックなバレエを創ろうとしていた。ロシア・バレエの土台が固められた重要な時期に顕著であったこのような傾向は、一九世紀後半に、ロシアがバレエ王国と言われるほどにバレエが高水準の芸術に発展していったこと、そして、他の国のバレエと比べて、とりわけ、文学や演劇と結びついたドラマティックな作品を制作する伝統をもち、「名優ダンサー」を次々と輩出してきたことに、大きな影響を及ぼしていると考えられる。

ちなみに、ノヴェールの『舞踊とバレエについての手紙』は、一七六〇年にシュットガルトで出版され、彼の存命中に、ヴェネツィア、ロンドン、パリ、アムステルダム、コペンハーゲン、ペテルブルグで出版されたが、その最も充実した版が、一八〇四年のペテルブルグ版（フランス語）と言われている。この版には、『舞踊とバレエについての手紙』以外に、ノヴェールの台本や書簡、他の著作も含まれ、四巻で出版された。二〇世紀に入ってからさえも、一九二六年、三七年、六五年と再版が重ねられ、毎回、ソレルチンスキー、スロニームスキーなどの、音楽、舞踊界を牽引する学者の前書きがつけられてきた。このことからも、ノヴェールの理論が、ロシア・バレエの発展の推進役となってきたことがうかがわれる。

第二章

ロマン主義バレエの萌芽——シャルル＝ルイ・ディドロ

同時代の振付家シャルル＝ルイ・ディドロについて、ロシアの国民的詩人アレクサンドル・プーシキン（一七九九～一八三七）は著作の中で何度も触れており、代表作『エヴゲーニー・オネーギン』（一八二三～三一年執筆）の中では、ディドロのバレエについて「絵のようなファンタジーや、比類ない魅力にあふれている。わが国のロマン主義作家の一人〔プーシキン自身〕はその中に、いかなるフランス文学よりも多くの詩情を見出した」と絶賛している。また、文芸評論家ベリンスキーも一八四五年に次のように書いている。

「ディドロはすばらしい芸術家と考えられていた。『オネーギン』の中の、踊るイストーミナの描写に捧げられた詩情あふれる言葉を、覚えていない者がいるだろうか。〔…〕プーシキンの時代にはバレエはすでに、古典主義悲劇や喜劇を超えていたのである」

これらの言葉は、ディドロの芸術の価値を示すと同時に、彼のバレエが当時の芸術の潮流の最先端に位置することを示しているとも考えられる。そこでここでは、ディドロの創作理念や作品を検討することによって、一九世紀初めにロシア・バレエを導いていたディドロの創作が、同時代の世界の舞踊芸術の中で、そしてロシアの文化の中でどのように位置づけられるかを考察してみたい。

シャルル＝ルイ・ディドロ

I　バレエにおけるプレ・ロマン主義

まず、ディドロの創作について見ていく前に、バレエ芸術におけるプレ・ロマン主義の特徴を明確にしておきたい。プレ・ロマン主義は、芸術全般にわたって、古典主義に反旗を翻したロマン主義への移行段階に見られた特徴である。感情を作品の中に表現するという新しい試みが見られたが、そのような作品は古典主義の伝統の中に混入していたため、同時代には、新しい芸術傾向の出現とみなされていなかった。

バレエにおけるプレ・ロマン主義は、一八世紀半ばから一九世紀初頭あたりまで主流となっていた傾向を指す。つまり、第一章で述べた古典主義からの脱皮を目指したバレエ改革者たちの創作時期である。ノヴェール、ドーベルヴァル、ノヴェールの敵対者でありロシア・バレエを育てたヒルファーディング、アンジョリーニ等々で、ディドロもノヴェールの最後の直接の弟子であるため、通常はプレ・ロマン主義の振付家に入れられている。

これらのバレエ改革者たちの思想は、第一章で述べた通りであるが、さらに補足すれば、改革者たちは「美しい自然の忠実な複製」として、舞踊と詩と絵画に共通するものを見出している。ノヴェールの著作の中では「情熱」「自然」「模倣」がキーワードになり、ドイツ・ロマン主義とノヴェールの研究者武井隆道氏の言葉を借りれば「人間の外部の自然を模倣することは、人間の内面に情熱が発生することでもあるという考え方、外界における被造物の本源的なあり方を示す自然と、内面の本源的なあり方のあらわれである情熱とが共振する現象が理想的な芸術であるという考え方が、改革者の思想には表われている」。「情熱」の表現は、先輩の改革者同様ディドロにとっても大切な要素であったが、他の改革者の場合、パントマイム（意味を説明するための身ぶり）によって具象的な感情表現を行い、踊り（ここでは「本源的な踊り」の意で、音楽の波に乗って生まれてくる動き、ステップ、技等の流れ）は感情表現の語りではなく、抽象的な美しい動きを見せるためのものであった。それに対しディドロは、パントマイムだけでなく、感情を込めた踊りの優れた振付によって「情熱」を表現し得たと言われている。バレエ改革の理論で世界に影響を及ぼしたノヴェールをはじめとして、多くの改革者たちが演出の実践では生彩を欠いていたと言われるのに対し、ディドロの作品の詩的絵画的美しさには定評があった。

Ⅱ　ディドロの創作初期――〝形式〟の発展

ディドロは一七六七年ストックホルムの生まれのフランス人である。ストックホルムの王立劇場で自分の父とルイ・フロッサールにバレエを学んだ後、九歳になったとき、父親がパリに連れて行き、ジャン・ドーベルヴァル（一七四二〜一八〇六）、ノヴェール、ガエタノ・ヴェストリス（一七二八〜一八〇八）、オーギュスト・ヴェストリス（一七六〇〜一八四二）等々に師事。とくに、バレエ改革者ドーベルヴァルとノヴェールの大きな影響のもとに成長してゆく。

バレエ改革者の理論と作品は、そのリーダーのノヴェールも同胞ドーベルヴァルも権力争いでパリ・オペラ座から締め出されたため、当時のバレエの中心パリの外で普及することになった。ディドロも師を追ってパリを出、一七八七年から一八〇一年まで、ロンドンやボルドー、リヨンなどでノヴェールやドーベルヴァルの作品の主役を踊り、また、自らも創作を行い始める。

この創作初期は、作品の内容面よりも表現の形式を発展させた時代だった。衣裳や舞台装置の改革に積極的に取り組んだディドロは、タイツの使用を支持し、重く嵩張った衣裳を軽く踊りやすい日常の衣服に近いものにした。一七九五年に発表した『ゼフィールとフローラ』では、バレエ史上初めて、ワイヤーでダンサーを吊って宙を飛んでいるように見せた。宙を飛ぶ演出は一八世紀にすでにイタリアのコンメディア・デラルテの芝居小屋で行われていたが、より幻

ディドロ作品の舞台美術（ピエトロ・ゴンザガ）

想的に芸術性を高めて大劇場に持ち込んだのはディドロだった。ワイヤーを使用しての演出は、その後、『ラ・シルフィード』などのロマン主義バレエで盛んに行われるようになる。

また、ワイヤーの使用は、女性を爪先立ちで床に下ろすことから、トウシューズの導入の一つのきっかけとなったとされているが、世界のバレエ劇場で初めてワイヤーを使用したディドロは、一八三〇年代からのロマン主義バレエの大きな特徴の一つとなるトウシューズでの爪先立ちを、一八二〇年代に世界に先駆けて試みた振付家の一人に数えられている。

ディドロはロシアからの招聘で、一八〇一年にバレエの指導者としてサンクト・ペテルブルグに渡ることになる。この地での活動は、期間、内容ともに二期に分けられるが、第一期（一八〇一〜一一）は作品のための〝形式〟を整えた時期であり、主にダンサーの育成に力が注がれた。バレエ学校を改革し、外国人ダ

ディドロ作品の衣裳『アーキスとガラテア』(1816)（ピエトロ・ゴンザガ）

ンサーに頼らなくても公演ができるようにロシア人ダンサーのレベルを引き上げ、育成する生徒の数を増やして、帝室バレエの団員数を、一八〇九年には一八〇〇年の二倍の一二〇人にまで引き上げた。こうして、プーシキンが称賛したバレリーナ、アヴドーチヤ・イストーミナ（一七九九～一八四八）、エヴゲーニヤ・コーロソワ（一七八〇～一八六九）らが育ってくる。プレ・ロマン主義バレエの時代は男性舞踊手が中心であったが、ディドロが、第二期の活動に向けて、ロマン主義バレエの主役となる優れた女性舞踊手を育てていたことは注目に値する。

しかし、創作に関しては、先輩のシャルル・ル・ピックとイワン・ワリベルフがいたため、目立った活動はしていない。小品が多く、観客の好みを探りながら、古典主義の色彩が強い神話的、牧歌的バレエを創作していた。ロシア・バレエ界のリーダーとなり、いよいよ本領を発揮してプーシキンら先進的な人々の心を捉える作品を発表してゆくのは、フランスに一時帰国して再びペテルブルグに戻った後の第二期、一八一六年から一八二九年である。

ディドロの考えた舞踊手のランク付けは、一八世紀末には「バレリーナ」が最高位で「ミミック俳優」（演技をするダンサーと考えられる）が最下位であったが、一八二五年の帝室劇場年誌の記録ではその順位が逆転している。これは、動きを見せることを重視するバレエから、ドラマとしての作品内容の重視へとディドロの創作が変化していった表れであると言えるだろう。こうして第二期は、ディドロの創作の内容的変化が顕著になってゆくのである。

III　第二期の創作――〝内容〟の探索

ノヴェールらバレエ改革者たちの理念を受け継いだ「バレエは芝居（筋立てのあるもの）である」という考え方は、創作初期からのディドロの基本テーゼであるが、彼が創作したバレエの内容、ジャンルは、神話、喜劇、悲劇等々多様である。しかしペテルブルグ滞在第二期では、現実問題を反映する作品を次々と発表し作品の内容面が大きく変化した。「舞台は日々の人間の生活の反映に他ならない」というディドロの基本的な理念は、ペテルブルグで先進的な芸術家たち、デカブリスト（専制政治に不満を抱き、自由主義を標榜した青年将校）たちと親密に交流することで、よりはっきりと作品に表れてくるようになった。ディドロは、劇場でしばしば共同制作をする戯曲作家シャホフスコーイや美術家オレーニンと親交があったため、彼らの有名なサロンに顔を出し、また、生徒や同僚を通じて先進的サークル「緑のランプ」のメンバーたち、特にロシアの国民的詩人となるアレクサンドル・プーシキンとも交際を続けたのだった（第三章参照）。ディドロと弟子のアダム・グルシュコフスキー（一七九三～一八七〇）が、他の舞台芸術に先駆けてプーシキンの作品をバレエにしたのもそのためである。

現実問題を扱った代表的作品が、『ハンガリーの小屋、または名高い追放者たち』（初演一八一七年）、『ラウリ・ドゥ・クレキ、または十字軍の遠征からの帰還』（初演一八一九年）、『コーカサスの虜、または許嫁の亡霊』（初演一八二三年）などである。これらの作品に共通する大きな特徴として、フランス革命前後に生まれたフランス大衆演劇メロドラマとの共通性が見られるのは興味深い。この点に関してはスロニームスキーが著書『ディドロ』で簡単に示唆しているが、具体的に指摘した研究は行われていなかった。

メロドラマは、一七世紀に全篇が歌になっているドラマとしてイタリアで誕生したが、ジャンルとして確立したのは一七七五年にルソーが音楽劇『ピグマリオン』を発表した後であり、当初は音楽のついたモノローグ劇として定義された。だがその後は、次第に勧善懲悪ものの市民演劇と変化して熱狂的な人気を博しつつ、一九世紀末まで存続していく。同時に、一九世紀前半には知識階級にまで浸透して、メロドラマの上演を通してロマン主義演劇が主流の地位を得ていったのである。このようにメロドラマの内容や形態は時代とともに変化しているため、ここでは、ディドロの創作時期までのメロドラマ、つまり、ジャンルとして確立されて間もない時代で、その理論と実際の作品の内容が一致していた時代のメロドラマを主に扱い、それを古典メロドラマと呼ぶ。古典メロドラマには演劇、舞踊、音楽、美術の総合であった古代の舞台芸術「パントマイム」の影響が色濃く表れ、大部分の作品にバレエが挿入されていた。

少なくとも一八一五年までは、古典メロドラマの手法上の細かい取り決めは、当時刊行された作品の序文にある演劇論から知ることができる。それを基にしたJ・トマソーの研究によれば、メロドラマの戯曲には、登場人物、テーマ他様々な点で共通点がある。それがディドロのバレエにも当てはまるのである。そこで、まず以下に三作品のあらすじを述べた後、トマソーの挙げているメロドラマの典型的要素とディドロの作品の要素の共通点を指摘してみたい。

A『ハンガリーの小屋、または名高い追放者たち』

ハンガリーのある村の森で、兵士たちが伐採作業をしている所に、二組の娘と若者が現れてコミカルにたわむれる。そこに突然、オーストリア皇帝を侮辱したラゴツキー伯爵を捜索中という知らせが入る。娘たちの父である老兵士は、ラゴツキーのかつての部下であり、尊敬する上官に対する仕打ちに激怒する。そこに現れた伯爵一家を、兵士たちから隠すために、老兵士は自分の家に連れてゆく。涙の再会。そして、老兵士は、皇帝に伯爵を許してくれるよう頼むことを決心する。その後、娘の恋人が兵士に密告してラゴツキーは捕まるが、ちょうどそのとき、老兵士が皇帝からの許しの手紙をもって帰り、ラゴツキーは釈放され、皇帝と和解する。

B『ラウリ・ドゥ・クレキ、または十字軍遠征からの帰還』

夜明け。難破した船から十字軍の遠征に出かけていたドゥ・クレキと家来が現れる。漁師から、隣の領主ボードゥインが、留守中に妻と領地を奪ったことを聞く。クレキは巡礼者に化け、自分の城にのり込んで、自分が死んだと思っている妻に、帰還したことを密かに知らせる。しかし、巡礼者をあやしんでいたボードゥインに正体がばれ、クレキも妻子も塔に閉じ込められてしまう。クレキはボードゥインから翌朝処刑になると言い渡され、妻は結婚を執拗に迫られるが、農民の機転のおかげで塔から脱出する。崩れ落ちそうな古い橋の上での激しい戦いの後、クレキが勝利する。

C『コーカサスの虜、または許嫁の亡霊』

時代は九世紀（おそらく検閲を意識して時代をプーシキンの原作と別にした）。平和なコーカサスの場面。

タタールとチェルケスの両陣営が、武器や投げ縄で技を競っている。チェルケス人たちが主人公の若者ロスチスラフを捕虜として連れてくる。虜が剣を要求し、その場で戦って力を見せる。チェルケス娘はその雄々しさに心を奪われる。二人だけになりチェルケス娘が愛を打ち明けると、虜は婚約者がいることを告げ、娘を絶望させる。そこへ、チェルケス人たちが一人のロシア人の女を捕まえて凱旋してくる。それは虜の婚約者だった。抱き合う二人を見てチェルケス娘は嫉妬するが、その夜、自分を犠牲にして、愛する虜とその恋人の幸福のために二人を逃がす。二人が川に飛び込んで泳いでゆくのを見て気を失った娘は、我に返って虜の衣服を目にすると、突然川に身を投げる。

嵐がおこり、稲妻が走り雷鳴が轟く。虜の父が率いるロシア軍が現れ、息子の脱ぎ捨てた服を発見して死んだものと思いこみ、眠る山民の野営を襲う。汗《ハン》を人質にする。息子の死を悼む父が一人舞台に残る。

瀕死の状態で一人岸に泳ぎ着いた婚約者は、ロスチスラフを探しながら息絶えてしまう。嵐は次第に静まり、ロスチスラフとチェルケス娘が岸に流れ着く。二人は死んだ婚約者を見つけて悲しみに沈む。すると婚約者は、月の光の中、亡霊となって静かに起きあがり、自分の婚約指輪をチェルケス娘にはめてやるよう命じる。ロスチスラフが亡霊を抱き締めようとすると、彼の手は空気をつかむ。そこに突然、彼の父の軍が現れる。亡霊は父に無事である息子を指し示し、ロスチスラフとチェルケス娘の結婚を命じて姿を消す。ロスチスラフの父の屋敷での酒宴。捕虜になっていたタタールとチェルケスの汗は、ロシアの国籍に入り、山民族とロシア人が酒を酌み交わす。

では、あらすじを参照しながら、メロドラマの各要素の典型的例とこの三作品の要素を対照してみよう。

(1)テーマ

トマソーの研究によれば、メロドラマの典型的テーマには、「迫害」「再会」「恋愛」がある。「迫害」はこのジャンルの中心をなすテーマであり、全幕にわたって展開される。「再会」は最終幕あたりで挿入され、「迫害」と「再会」の〝暗〟から〝明〟のテーマはメロドラマに特有の躍動を与える。「恋愛」は、古典メロドラマでは潜在的要素にとどまっているが、ロマン主義の影響を受ける頃になると表面に現れてくる。ディドロの三作品には、「恋愛」も含め、以上の全ての要素が含まれている。

(2)登場人物

トマソーの研究によれば、古典メロドラマでは人間を常に善人と悪人に二分している。それらは外見で判断できるよう、類型化された動きや言葉を与えられていた。その代表的タイプは「悪玉」と「迫害に遭う罪なき人々」である。

「悪玉」は目指す相手を迫害することによってメロドラマを動かす原動力となる。トマソーはその典型を「家族の疫病神」、「悪質な領主」、「陰謀家と暴君」、「特殊タイプ」(a改悛する悪者、b女の悪者、c主人公を助けることで自分の罪をあがなう者、d守銭奴)と大別している。ディドロの作品の悪玉と対照すると、『ハンガリーの小屋』――「陰謀家と暴君」、『ラウリ・ドゥ・クレキ』――「悪質な領主」、『コーカサスの虜』――「特殊タイプ」のaとcと対応する。『コーカサスの虜』の「特殊タイプ」cは主人公を捕虜にしたチェルケス人の行いをチェルケス娘が死であがなったとみなした場合である。ただし、ディドロは登場人物を表面的には善悪、あるいは敵味方に二分しているとはいえ、その内面の表現では、単純な二分化を行っていない。チェルケス人たちの荒々しい群舞は、その生のエネルギーを称える、作品中の最大の見せ場だった。

トマソーが挙げている「迫害に遭う罪なき人々」の典型的要素は「わが子から引き離された母」、「子供」、「父の怒りを受ける息子」であり、ディドロの作品を比べると『ハンガリーの小屋』――「父の怒りを受ける息子」（皇帝の怒りを買った家臣という変種）、『ラウリ・ドゥ・クレキ』――「わが子から引き離された母」と「子供」、『コーカサスの虜』――「わが子から引き離された母」と対応する。ただし、『コーカサスの虜』は変種としての「婚約者から引き離された女性」を当てはめた場合である。メロドラマではロマン主義時代に初めて現れる恋愛のテーマがディドロの作品ではすでに表現されているため、このような変種を典型に当てはめるのは理にかなっていると考える。被迫害者の役の特徴は「純粋さと汚れのなさ」であるが、『コーカサスの虜』ではこの特徴をチェルケス娘も有している。ディドロはこの作品で、メロドラマの形式を利用しながら、プーシキンの原作を下敷きにすることによって、より複雑な内面の描写や人間関係を作り出しているのである。

(3) 古典メロドラマに見られる道徳観

トマソーによれば、古典メロドラマの作家たちは道徳と文化を伝達する役割を引き受けようとしていたため、題材として、犠牲、義務感、忍耐力、寛大、献身、人類愛などが取り上げられた。ディドロの三作品でもその傾向は顕著である。

(4)トマソーによれば、古典メロドラマでは、必ず最終幕に自然災害が起こり、その後平和が訪れる。ディドロの作品でも『ラウリ・ドゥ・クレキ』では橋が崩壊し、『コーカサスの虜』では嵐が起こった後に平和が訪れる。

(5)視覚的効果

メロドラマの典型的視覚的効果としてトマソーが挙げているのは、a地方色、異国趣味、b写実的描写、c変装、d村祭り、e貴族の酒宴である。ディドロの作品では、『ハンガリーの小屋』——a・b、『ラウリ・ドゥ・クレキ』——c、『コーカサスの虜』——d・eと対応する。古典メロドラマでは「地方色、異国趣味」、「村祭り」、「貴族の酒宴」の効果をもたらすのはバレエの役目であった。ここで、「ロマン主義時代(一八三〇年代から一九世紀半ばすぎ)のメロドラマにはバレエでの表現が取り入れられていない」というトマソーの指摘は注目に値する。つまり、演劇とダンスの融合したドラマのバレエを専ら制作し、人気の芸術ジャンルとなったロマン主義バレエの時代(一八三〇年代から一九世紀半ばすぎ)には、バレエのジャンルがメロドラマの特徴を取り込んでしまっていたために、メロドラマの作者たちはバレエを使うことを避けたのではないかと考えられるのである。メロドラマとロマン主義バレエの関係はあまり取り扱われていないが、もしこのことが証明されれば、ディドロこそがフランス・ロマン主義バレエの時代が始まる前にメロドラマの要素を創作に取り込むことでロマン主義バレエの先駆者となったことが明らかになるだろう。

(6)超自然的要素

『コーカサスの虜』には亡霊の踊る部分がある。この要素はメロドラマに登場する場合があるとはいえ、トマソーのメロドラマの基本的要素には入っていない。しかし、ディドロの創作のロマン主義への移行を示すものとして重要であるために、あえてあげておきたい。

以上、メロドラマに見られる主要な典型的要素とディドロの代表作の要素を対照したが、これによりディドロのバレエがメロドラマの構造や内容を利用し、さらにその発展を先取りしていることが明らかになったと思う。

こうしてディドロは、ノヴェールが提唱した「人間の波立つ感情を表現するバレエ」を創造するためにメロドラマの手法を利用して、動きを見せるだけでなく、ドラマトゥルギーが観客を引きつけ、かつ、それが舞踊芸術としても重要な価値をもつバレエを生み出した。またさらに、同時代のメロドラマを超える表現、複雑な内面をバレエで描き得たがそれは、ロシアの先進的芸術家たちとの交流やプーシキンの作品に力を得たためであると考えられる。

プーシキンとディドロの交流についてはほとんど明らかになっていないが、プーシキンはディドロを非常に高く評価しており（第三章）、相互の影響がうかがわれる。

これまで述べてきたことから明らかになるように、ディドロはメロドラマの手法を利用しながら、民衆のために闘うヒーローのドラマを描き出し、民族色で作品の色彩を豊かにし、古典主義の悲劇、喜劇のジャンルの峻別を破壊した。そして、ほとんど最後の作品に近い『コーカサスの虜』では、プーシキンのロマン主義的な作品に出会うことで、人間の微妙な感情を表現し、山民族のエキゾティシズムを理想の世界として色彩豊かに力強く描出し、さらに、原作にはない、月の光の中で踊る亡霊の姿という不滅の生を受けた超自然的要素も加味することで、ロマン主義的な未知なる世界への人間の憧憬をバレエ作品として具現化し得たと考えられる。

そして重要なことは、評論家ヴァン・ティーゲムがプレ・ロマン主義の芸術家と比較してロマン主義の芸術家を語った言葉を借りれば、ディドロがこれらの「新しい内容を、新しい形式で表現する優れた才能と大胆さ」をもっていたことである。彼は、前述したように、バレエ作品でパントマイムを多用して物語を伝えた先輩たちとは異なり、美しく表現力のある踊りの振付とパントマイムによってドラマを表現することができたと言われている。そして、ロマン主義バレエで大流行したワイヤーによる飛翔をはじめとする様々なトリックの豊富なアイデアをもち、ロマン主義バレエ時代にはバレエの制服のようになった透けた軽やかな衣裳とタイツを早期に使用し、ロマン主義時代に始まったと言われる爪先立ちの踊りを、ワイヤーで吊っての爪先立ちから発展させて一八二〇年代にすでに行っていたと考えられる。また、イストーミナほか優れた女性舞踊手を育て上げ、ロマン主義時代の大きな特徴である女性舞踊手中心のバレエを創作していたのである。

こうしてディドロは、一八二〇年代、プレ・ロマン主義のバレエ改革者たちから受け継いだ理念と、ロシアで出会ったプーシキンをはじめとする先進的知識人から得た思想をブレンドし、それを創意豊かな新しい形式で表現した。この時代の彼のバレエは、バレエの最も重要な潮流の一つである一八三〇年代にフランスで起こったロマン主義バレエの大きな特徴を、すでにほぼすべて有していたのだった。

〔第三章〕

バレエに魅せられたプーシキン

ロシアの国民的詩人アレクサンドル・プーシキン（一七九九〜一八三七）は、バレエを非常に愛していたことで知られている。プーシキンがリツェイ（貴族の子弟のための高等教育機関）を卒業した後から南方に追放されるまで、一八一七年から一八二〇年までのサンクト・ペテルブルグ滞在期間は、酒、女、賭博、決闘、劇場通いの放蕩生活時代だった。だが劇場通いに関して言えば、当時の多くの上流階層のように単なる娯楽や社交の場として劇場を考えていたのではなく、舞台芸術を深く理解し、その高い価値を認めていたと考えられる。

プーシキンのエッセイ『ロシアの劇場についての私見』（一八二〇）の一節からは、舞台芸術が正当な評価を得ていないことに対する、プーシキンの憤りが伝わってくる。

〔…〕わが国の平土間（つまり上等の椅子席）を占める人の大部分は、あまりにヨーロッパや祖国の運命に心を奪われ、あまりに仕事で疲れ切っていて、あまりにまじめすぎ、あまりに厳粛すぎ、あまりに魂をゆさぶる動きを表すのに慎重でありすぎて、劇芸術（特にロシヤの）の価値に何らかの関心を寄せることができないのである。そしてもし六時半に、まったく同一の顔ぶれが兵営や役所から立ち現れて、平土間席の予約しておいた前方の席を占領するとすれば、それは彼らにとっては、快い休息であるよりは、きまりきった儀礼なのである。いかなる場合にも、彼らの冷たいうつろな心からは健全な考えや判断を期待することは不可能だし、それにも増して何らかの感情の動きを望むことはできない。それ故、彼らはただボリショイ・カーメンヌイ劇場の尊敬すべき装飾の役を果たすだけであって、決して愛好者の一群や、教養ある審判者、特定のものをひいきにする審判者の数に入ることはないの

である。（『プーシキン全集　第三版　五巻、河手書房新社、昭和五六年、一〇頁）

さらに、同エッセイの中には、舞台芸術に対する彼の鋭い眼がうかがわれる。女優かつはじめてのロシア人バレリーナの一人、エヴゲーニヤ・コーロソワについて述べた部分である。

もし、〔コーロソワが〕セミョーノワ〔名女優エカテリーナ・セミョーノワ〕の顔の表情だけをまねるのではなく、自分の役についての、彼女のような深い理解をも得ようと努めるなら、しばらくすれば、本物のすばらしい女優が生まれるだろう。つまり、容姿が美しいだけでなく、すばらしい理知や芸術性、議論の余地のない才能をもつ女優が。（*Пушкин А.* Полное собрание сочинений в 17томах, М. – Л., 1937-1959, т. 11, с.12 より筆者訳）

日本では残念ながら、こうしたプーシキンの舞台芸術理解について語られることは少なく、ましてや、彼のバレエに対する理解と愛についての考察は皆無に近い。プーシキンの作品からは、彼と同時代から現代に至るまでバレエの名作が生まれており、プーシキンとバレエの相互の影響を考えることは興味深い。そこで本章では、プーシキンが見た前章のディドロのバレエの舞台と絡めながら、プーシキンのバレエ愛についてお話しようと思う。

I　作品に表現されたバレエへの愛

プーシキンが生きた時代、ペテルブルグでは、ロシア・バレエの礎を築いたフランス人の振付家ディドロが活躍し、優れた劇作品としてのバレエを上演していた。彼はバレエを芸術的価値の高いものにするために、心血を注いでいたのだった。プーシキンはこのようなディドロのバレエに、様々な舞台芸術の中でもとりわけ心惹かれた。それをよく示しているのが彼の代表作『エヴゲーニー・オネーギン』である。

エヴゲーニイは劇場さして飛んで行く。
そこではみんな自由の空気を呼吸しながら
アントルシャに喝采しよう　フェードルやクレオパトラを
やじり倒そう　モイーナを呼び出そうとて
大張り切り（それもただ自分の声を他人に聞いてもらうため）。（二巻二〇頁）

だが狂乱のメルポメネーが長く尾を曳く
絶叫をひびかせながら
ひややかな観客を前にして　金糸銀糸の

マントをゆすっているところ
またタリアが親しげな拍手も耳に入らぬげに
ひそかにまどろんでいるところ
さてはまた　ただ一人テルプシコラが
年若な観客の眼をみはらせているところ
（これはかつての諸君の時代
私の時代も同じだったが）（二巻二八五頁）

前者の詩句では、「拍手喝采」を用意されているアントルシャ（両脚を交差させて打ち合わせる跳躍で妙技の一つ）だけが、バレエの表現である。また、後者の抜粋では、メルポメネーが悲劇のミューズ、タリアが喜劇のミューズ、テルプシコラが舞踊のミューズである。アントルシャとテルプシコラにのみ明確な賛辞を与えているこの二つの連からは、プーシキンが舞台芸術の中でも、特に、バレエを愛し評価していたのではないかという推測が生まれてくる。
同時代の傑出した文芸評論家ベリンスキーの次の言葉は、この推測を一層確かなものにする。

プーシキンの時代には、バレエはすでに古典主義悲劇や古典主義喜劇を凌駕していた。

次に、ディドロに関する詩句を見てみよう。

魔法の国よ！　そここそは　その昔
恐れ知らぬ諷刺の王者
自由の友フォンヴィージンと　人真似上手な
クニャジュニーンとが名を挙げた場所
オーゼロフ　うら若いセミョーノワ　二人して
満堂の人の涙と喝采の
夢中の貢分けあった場所
わがカテーニン　大コルネーユの
偉才をよみがえらせた場所
皮肉屋のシャホスコーイ
さんざめく喜劇の群れを引き出した場所
さてはまた　ディドロが栄光にかがやいた場所
そしてああ　書き割りの暗い小陰で
わが青春の飛び過ぎた場所（二巻二一頁）

背を向けて――あくびをして
こう言った。「もうみんな交替させていい頃だ。
バレエにも長らく辛抱してきたが

ディドロももううんざりだ」*（二巻二四頁）

この個所にプーシキンは次のように註を付している。

*チャイルド・ハロルドにふさわしい冷めた感情の表れ。ディドロのバレエは、絵のようなファンタジーや、並々ならぬ魅力にあふれている。わが国のロマン主義作家の一人はその中に、全フランス文学よりも多くの詩情を見出した。（т. 6, с. 191 より筆者訳）

二巻二一頁からの詩句で言えることは、まずディドロが文学者フォンヴィージン、コルネーユ、クニュジュニーン等と同列に並べられ、同等に扱われているということである。プーシキンがディドロと偉大な文学者たちを同等に扱ったことは、その芸術性についても同じように考えていたことを意味している。

次に、二巻二四頁からの「ディドロももううんざりだ」という詩句は、もちろんプーシキンの意見ではない。というのは、作者自身がつけた註で否定されているからである。さらに「わが国のロマン主義作家の一人は……見出した」という部分が、草稿では、「A・P・は……と認めている」、「P自身が……と言った」とされている（т. 6, с. 529）。A・PとPはプーシキンのイニシャルであり、当時の上流社会への非難をオネーギンの口から語らせ、自分自身は意見を異にすることを、註釈によってわざわざ記したのだった。実は『オネーギン』第一章が出版される頃、デカブリストに共鳴し、当時先進的な傾向をもっていたディドロは、劇場幹部や当局の検閲官（当時すべての文学作品、舞台作品は、刊行・上演前に検閲がなされていた）から反感を買っていた。それでもなお、自分の名を伏せて称賛を贈るほどに、プーシキンはディドロのバレエを愛していたのである。

さらに、プーシキンがいかにバレエに精通していたかを示す強力な証拠として、バレエの舞台のすばらしい情景描写がある。

さらさらと幕が上がれば
無重力のごとくふんわりと立つ
あでやかなイストーミナ。
ニンフの群れに囲まれて
魔法のようなヴィオロンの音に
耳を傾ける。
さて片足をそっと床にふれ
もう一方をゆっくりと旋回させた。
と見る間に小さな跳躍
と、今度は大きく飛翔する
その飛翔は
アイオロスの口に吹かれた綿毛のよう。
身をねじってはまたほどき、

素早く両足を打ち合わす。（гл. 6, с.13より筆者訳）

この詩句は、まさにバレエの一連のステップをあてはめて動きを再現できるほど、群舞とソリストによる一シーンが正確に把握されており、しかもそれを、美しい言葉の芸術作品に創り上げている。加えて、スロニームスキーが指摘しているように、「無重力のごとくふんわりと立つ」という語句は、舞踊研究で明らかになっているイストーミナの特徴を的確に言い当てており、「ふんわりと立つ」に呼応するものとして使われている「アイオロスの口に吹かれた綿毛のよう」という句には、「かろやかさ、やさしさ、重力を克服していると思われるもの等、このステップ〔飛翔を指す〕を構成しているすべてのものが内包されている」。

ディドロの愛弟子でありミューズであったアヴドーチヤ・イストーミナは、その特徴として、すらりとした中背の美貌、黒い大きな瞳、長いまつげ、強い足の力、舞台度胸のよさ、動きの軽やかさと素早さ、回転と飛翔のすばらしさが挙げられる。世界で最初にトウシューズで踊ったバレリーナの一人であり、また、民族舞踊を非常に魅力的に踊ったことも伝えられている。プーシキンは言語芸術によって、ロシアで最初の名バレリーナ、イストーミナの踊る姿を不朽に残したのである。

『オネーギン』第一章を執筆していた時期、プーシキンは首都へ帰ることを許されなかった。以下に引用する連は、かつて

アヴドーチヤ・イストーミナ

見た舞台を偲ぶ気持ちと、劇場を遠ざかっている辛さ、もどかしさを訴えている。

女神らよ！　おんみらはどこにいる？　なにをしている？
どうか私の悲しい声を聞いてくれ。
おんみらは昔のままか！　あるいはほかの
変わり映えせぬ乙女らがおんみらに取って変わったか？
おんみらの合唱がまた聞けようか？
わが国のテルプシコラの霊感にみちた飛翔を
まのあたりながめえようか？
あるはまたうれわしいまなざしが　味気ない舞台の上に
なじみの顔を見つけ得ぬまま
幻滅の柄付き眼鏡を
縁のない衆生にかざし
悦楽のさまひややかにながめやりつつ
言葉なくあくびをしては
過ぎし昔を偲ぶのか？（二巻二一、二二頁）

同じ思いは書簡にも現れている。次の引用は、一八二三年一月三〇日付で、プーシキンが弟のレフ・プーシキンに送った書簡の抜粋である。

〔…〕お金とポスターと詩、小説、雑誌、手紙に囲まれて、きみに手紙を書いています。すべてが、この上なくすばらしい。ディドロについて、そして、かつてコーカサスの虜のようにぼくがさすらい求めたイストーミナについて知らせて下さい。（т. 13, с. 55, 56より筆者訳）

この書簡は、ディドロ演出のバレエ『コーカサスの虜』の初演直後に書かれたものである。弟レフ・プーシキンが兄にバレエのパンフレットを送ったらしい。それを見、かつて心ひかれていた芸術家が、自分の作品からバレエを創作していることに満悦した様子がうかがわれる。このように、首都追放時代（一八二〇～二六）のプーシキンの作品や書簡には、劇場への強い関心や、魅了された芸術家に対する思慕がうかがわれ、舞台芸術への熱中が、単なる一時の気まぐれではなかったことを示している。

次節では、その持続的な愛について考察しよう。

II　プーシキンの素描から

ここでは、プーシキンの素描のいくつかを取り出し、この研究の第一人者エーフロスの考察に基づきながら検討してみたい。ちなみに、プーシキンは絵の才能があり、折りにふれて様々な素描を行っている。

図１は踊る女性の下半身と足である。

透明で縁飾りのついた薄い衣裳を着て踊る女性の下半身の動きは、プーシキンの素描にはまれなほどていねいに描かれている。輪郭、明暗の区別までを表現した熱の入れ方からは、舞台の印象の強さがうかがわれる。

図1

一方、ひも靴をはいた女性の片足の絵は、彼の素描に何度も繰り返されるモチーフで（図２参照）、女性の足を賛美し続けたプーシキンのシンボルマークとも言える。

ディアーナの胸、フローラの頬
友よそれらはうつくしい！
だが私にはテルプシコラのかわいい足が
なぜかしらそれよりももっとうつくしいのだ。
（二巻三三頁）

肉体の美をめで、中でも足の美しさに魅惑された彼が、肉体で美を創造するバレエにのめりこんでいったのは当然だと言える。プーシキンが描く足のはいている紐靴は、舞踏会用のものであるが、当時はそれをバレエにも用いていたということもつけ加えておく。

図2の素描は、物語詩『ルスラーンとリュドミーラ』の第二歌冒頭の草稿が書かれているページの右上半分に書かれている（ログダーイのファルラーフ追跡と、ファルラーフとナイーナの出会い）。従って、描かれたのは、一八一七年から一八一八年初めにペテルブルグにてとエーフロスは推定し

図2

ている。プーシキンが頻繁にペテルブルグの劇場へ通っていた時期である。

図3は女優や踊り手たちの顔である。右下の女性がコーロソワ、左上がセミョーノワで、その他は不明とされている。プーシキンはこの二人に夢中になり、前述のようにその演舞についての詩やエッセイを残している。この絵は、コーロソワに対するエピグラム『エスフィルのすべてが我々をひきつける』(т. 2, с. 110) と、セミョーノワに対する賛辞『ロシアの劇場についての私見』につけられた挿絵のようなものである。絵が描かれているのは、『ルスラーンとリュドミーラ』第一歌フィンの物語の最後と、第四歌乙女たちのラトミールへの歌の最終稿が書き込まれているページである。コーロソワのデビュー（一八一八年一二月一六日）と、第四歌完成（一八一八年一二月）を考え合わせ、一八一八年一二月末に描かれたのであろうとエー

図3

フロスは推定している。

　図4の角笛を吹くトリトーンの絵は、ディドロのバレエの踊り手の姿で、ディドロのバレエの舞台からプーシキンの詩への影響を示す、一つの証拠と言えるだろう。このトリトーンが描かれているのは、『ルスラーンとリュドミーラ』のとりわけ演劇的舞踊的イメージの場面である、魔女の城へラトミールが到着した箇所（第四歌）のすぐ下である。絵が描かれた時期は、『ルスラーンとリュドミーラ』のテキストと絵に書き込まれている年代の数字の最後のものから、一八一八年初頭とエーフロスは推定している。

図4

　これら、草稿とともに描かれているバレエに関係する素描は、プーシキンが創作の際に、何らかのバレエの影響を受けていたことを物語っている。

次に、プーシキンのバレエ熱がどのようにはぐくまれていったかをみてみよう。

III 「バレエマニア」の形成

この節では、プーシキンのバレエ熱の形成を、モスクワでの幼児期にまでさかのぼって考えてみたい。

当時のロシア貴族社会では、舞踊はやがて社交界に出るための教養の一つと考えられていた。それゆえプーシキンの生活は幼少から、舞踊・音楽芸術に結びついていた。また、幼少の頃から、彼の家庭ではしばしば舞踏会が催されていた。そのうえ彼は、毎週木曜日に、モスクワの舞踊教師の中で最も尊敬を集めていたヨーゲルの家の子供舞踏会にも出席していたのである（〝舞踏〟は舞踏会のダンス、社交ダンス、〝舞踊〟はダンス全般を指す）。

ペテルブルグのリツェイ時代（一八一一～一七）にも、週に二度舞踊のレッスンがあった。そして、リツェイの学生たちが一八一六～一七年に作った詩に「ダンスマスターのエベルガルト」が登場することから、舞踊教師はエベルガルトであったことが明らかになっている。エベルガルトは、ディドロの弟子である著名な振付家グルシュコフスキーによれば、当時のロシアの最も優れた舞踊教師の一人であった。エベルガルトが教鞭をとったのは一八一六年からであるとはいえ、プーシキンは一流の舞踊教師に教えを受けていたということになる。しかも、甥の回想によれば、彼は舞踊の成績が大変良かった。当時の舞踊学校が最高でも六年間であったことを考えれば、リツェイでプーシキンがバレエについての基礎知識を十分に学んだ可能性は非常に高い。つけ加えれば、エベルガルトはロシア・バレエの傑出したミミック俳優(三五頁参照)でもあり、一八二〇年代には、教え子プーシキンの作品を原作としたディドロのバレエ『コーカサスの虜』とグルシュコフスキーの『ルスラーンとリュドミーラ』で、重要な役を演じている。

プーシキンの作品に見られる、情景が目に浮かぶような舞踊の描写、踊り手や振付家に対する深い理解が感じられる評価は、この時代の知識が基礎になっていると考えることができるだろう。

彼がバレエを含めた舞台芸術に精通するようになったもう一つの要因は、一八一八年から一年半ほど存在したサークル「緑のランプ」の影響である。「緑のランプ」は秘密結社「福祉連合(The Union of Welfare)」の支部であり、その活動は、文学、歴史、舞台芸術に関して論じ合うことだった。中心人物は、戯曲の翻訳や創作を行っていたニキータ・フセヴォロシスキーと、劇評や戯曲翻訳を行っていたヤーコフ・トルストイであった。その他に、ロシア民族音楽への愛から後に作曲家バラーキレフと意気投合して親交を結び、また、モーツァルトとベートーヴェンについての優秀な研究を残したウリブィシェフ、ペテルブルグの劇場の「週間上演目録」を発行していたドミートリー・ニコラーエヴィチ等がいた。これらの主要人物を見ただけでも、舞台芸術が「緑のランプ」のメンバー間で大きな位置を占めていたと推測することは容易である。彼らは真の感情、上品さ、内容の充実を重視し、それらをロシア舞台芸術の長所とみなしていた。

また、「緑のランプ」の全会員と、俳優、文学者、演劇学校の生徒等が集まって開かれた夜会——詩人であり、戯曲作家、演出家、ペテルブルグで最初の演劇の教師である公爵アレクサンドル・シャホフスコーイ（一七七七〜一八六四）のもとでの会合も、プーシキンにとって、帝室劇場の様々なしがらみ、劇的な俳優の運命、ロシアの才能豊かな者たちに対する一般の低い評価、農奴制下での秩序と生活のあり方などを認識する好機となったのであった。そして、前章で述べたように、ディドロがオーストリアの占領に対して闘争するハンガリーの民衆を描いた『ハンガリーの小屋』、十字軍遠征の不在中に企てられた陰謀を描いた『ラウリ・ドゥ・クレキ』など、現実問題を扱う新しいバレエを創作しようとしていたことは、彼らの考え方に共鳴してのことであり、特筆に値する。

Ⅳ　物語詩『ルスラーンとリュドミーラ』に見られるバレエの影響

最後に、プーシキンの作品の中に現れたバレエからの具体的な影響を、グロスマンの研究を基に考察してみよう。ディドロのバレエファンタジアと物語詩『ルスラーンとリュドミーラ』の係りである。そこには数多くの共鳴がみられるのである。

彼女の前には揺れ動き、ざわめいている
壮大な美しい樫の森が。
棕櫚の並木と月桂樹の森、

また馥郁たるミルトの木立、
また杉の誇り高い梢、
また金色に輝くオレンジの樹が
水の鏡に映し出されている。
小山や林や谷間がどれも
春の火によみがえる。
五月の風が清涼の気を伴って
魔法をかけられた野を吹き渡り
中国渡来のうぐいすが、
震える枝の暗がりで鳴いている。
金剛石のような噴水が雲に向かって
楽しげにざわめきながら飛んでいる。
その下では偶像がいくつも濡れて光り、
まるで生きているように見える。

〔…〕

大理石にあたって砕けつつ、
真珠の、燃える孤を描いて
水の滝が落ちかかり、しぶきをあげる。

そして森の木陰に小川は隠れ
ねむたげな波のかすかな渦を巻いて流れる。（一巻三九七、三九八頁。傍点筆者、以下同様）

奔流の上に高い小さな橋が
彼女の前の二つの岩にかかっている。（一巻三九九頁）

光明るい東屋が見え隠れする（一巻三九八頁）

以上は、チェルノモールの庭の描写であるが、そのディテールは、ディドロが創作したバレエ『ゼフィールとフローラ』（初演一八〇八年）や『コーラとアロンゾ』（初演一八二〇年）と非常によく似ている。テキスト中の「水の鏡」「金剛石の噴水」「滝」「橋」「東屋」は、ディドロのバレエに必ず登場する舞台装置だった。しかもそれらは、単なる装飾ではなく、舞台効果をもたらす重要な役割を果たしていた。たとえば、『ゼフィールとフローラ』では、泉の中で小さな滝をいくつも作りながら、ヒロインのフローラが登場するのであった。

次に、十二人の処女の城へラトミールがやって来る場面では、「美しい処女たちに囲まれている」勇士、「銀色の月のもとで、処女が見え隠れしていた」「快楽の願望に悩まされる」等のフレーズには、まさにバレエの群舞のシーンの典型が描かれている。これらは、ディドロの台本にある「ハレムの女たちは、各々、彼の目をひきつけよう、彼の心を虜にしようと懸命である」などのフレーズを想起させる。

さて、ディドロは鏡の効果を重視しており、『島の娘』（初演一八一八年）の台本の序では、「鏡というすばらしいアイデア」を、バレエで表現する重要さについて述べている。また、『バグダッドのカリフ』（初演一八一八年）では、奴隷たちが高価な鏡を運んできて、ゼチュリバが、その前で豪華な衣服に着替える場面がある。さらに、『ローランドとモルガナ』（初演一八〇三年）でも、ヒロインが鏡の中から、騎士にその身近な人々の運命を告げる場面がある。これら鏡の効果は、ディドロのバレエを生き生きとさせていたと言われている。

そして、プーシキンの『ルスラーンとリュドミーラ』第三歌にも、同様の鏡の効果的な使い方が見られるのである。

リュドミーラは臥床をあとにした
そして思わず知らず眼差しを向けた
背の高い、曇りない鏡に。（一巻四一四頁）

すると、どうだろう？　おお古き日々の奇跡よ！
鏡の中でリュドミーラは消えた。
ぐるりと向きを変えれば――彼女の前に
前と同じリュドミーラが現れる。
後向きにかぶれば――また　いなくなる。
脱げばまた鏡のなかに現れる！（一巻四一五、四一六頁）

さらに、「飛翔」と「変身」においても、ディドロとプーシキンの作品は、相似している。

窓から翼ある蛇が飛び込んで来る。
鉄の鱗を響かせながら
蛇は素早く体を曲げて輪を作り、
さっとナイーナの姿に変わり
驚き騒ぐ人々の前に立った。（一巻四一〇頁）

これは『ルスラーンとリュドミーラ』第三歌からの抜粋であるが、ディドロのバレエ『ヘンジーとタオ（美女と妖怪）』（初演一八一九年）の台本には、「魔法使いはふんわり浮かぶ雲にのって、彼女のもとに降りてくる。老召使いが消え、代わってそこにいるのは、魔法使いである」という部分がある。
また、同じ『ヘンジーとタオ』の飛翔場面、「魔法使いは、虜のタオと共に空中に舞い上がり、タオを監禁する宮殿へと飛んで行く」との相似が見られるのは、

すると不意に不可思議な力が
春のそよ風よりもさらにやさしく
彼女を空中に浮き上がらせ、

風にのせて宮殿へと運んで行き、
暮方の薔薇のかおりを押しわけて
憂愁の臥床、涙の臥床の上に
そっと注意深く彼女をおろすのだった。（一巻四〇一、四〇二頁）

という部分である。魔法によって宙を飛ぶという場面は、当時のディドロのバレエにしばしば登場していた（前章でふれたように、ディドロは、世界で初めて、バレエで空中飛翔を演出した振付家である）。『ルスラーンとリュドミーラ』でしばしば使用される「竪琴」と「角笛」も、当時のバレエの特徴の一つとして挙げられるものである。『ルスラーンとリュドミーラ』から、いくつか拾い出してみよう。

そして静寂のなかに木陰から
眼にみえぬ竪琴が音楽を奏で始めた。（一巻四〇〇頁）

かぶとと響き高い角笛を見出した。（一巻四一九頁）

心楽しい狩猟の響き高い角笛も（一巻三九六頁）

するとどうだ……突然角笛の音が響き（一巻四五二頁）

呼びかけの角笛は嵐のように咆え……（一巻四五四頁）

一方、ディドロのバレエのプログラムから例を挙げてみると、「角笛の音が、スルタンの接近を知らせている」「ヒュメーンの娘たちが竪琴をつまびいている」（『ゼフィールとフローラ』）、「エルビラは竪琴を弾いている」（『島の娘』）などがある。

『ルスラーンとリュドミーラ』に対する民話や騎士物語、アリオスト、ヴォルテール、ハミルトン、ラジシチェフ、カラムジーン、ジュコフスキー等からの影響は広く知られているが、バレエからの影響を明確にする資料は、残念ながら残存していない。とはいえ、本章で検討したように、それも無視することはできないだろう。

『ルスラーンとリュドミーラ』に限らず、プーシキンの作品を理解する上で、これほど彼の心を虜にしていたバレエの存在、その影響は、無視できないものであると思われる。しかも、プーシキンの見ていたバレエが、ロシア・バレエの父と言われる名振付家ディドロの作品であるゆえになおさらである。

〔第四章〕

農奴劇場とバレエ

エカテリーナ二世の治世（一七六二〜九六）に、ロシアの貴族たちは黄金時代を迎え、貴族文化が大きく花開いた。地主貴族たちが自分の領地の農奴を用いて創った農奴劇場の上演も、ほぼこの時期に最も盛んに行われ、農奴制の崩壊とともに姿を消してゆき、一九世紀半ばに終焉を迎えた。

農奴劇場は農奴たちの悲惨な状態を反映しているためにしばしば語られ、ゲルツェンやレスコーフ等々の一九世紀ロシアの文学作品の題材にも取り上げられている。しかし、文学作品を含め一般に、農奴アーティストの境遇以外に劇場の実態や芸術活動について語られることは少ない。だが、ロシア舞台芸術の揺籃期に、全国各地に散見され、存在期間中の総数が一七〇以上認められている劇場の活動は、ロシアの舞台芸術史に少なからぬ影響を及ぼしている。そこでここでは、農奴劇場のバレエの上演を主に検討し、それがロシア・バレエ史の中でどのような意味をもっていたかを明らかにしたい。

農奴劇場の資料は豊富ではない。上演記録が残っている劇場はごくわずかである。非公開、あるいは片田舎で行われる場合が多かったという性格上、記録に残りにくいものであったからであろう。これまで行われてきた研究は、大部分の劇場に関しては、メモワールやレポートから拾い集めたものである。例外的に、大劇場を所有していたシェレメーチェフ家には、ニコライ・シェレメーチェフ（一七五一〜一八〇九）の命令書や日誌等々が残されており、ユスーポフ家には、詳細な劇場運営収支決算表が残されている。

I　農奴劇場の典型

農奴劇場は、その設備や上演の質、内容、劇場の性格等が様々であり、その多様性こそが農奴劇場の面白さと言える。そのためここでは、共通の特徴をまとめるよりも、多様な具体例を挙げてみたいと思う。

そこでまず第一の例として挙げたいのが、農奴劇場の典型的イメージをもつオリョールのN・カメーンスキー伯爵の劇場（一八二〇〜三〇年に存在）である。カメーンスキーの暴君ぶりは有名であり、農奴アーティストを主人公にした文学作品、ゲルツェンの「泥棒かささぎ」（一八四八）も、レスコーフの「ヘアー・メイク・アップ・アーティスト」（一八七九）もこの劇場をモデルにしている。前者は、農奴俳優出身でロシア・リアリズム演劇の父と言われるM・シチェープキンからゲルツェンが聞いた実話で、農奴の娘を次々と情婦にしてゆく主人に関係を迫られそうになった農奴女優が、主人を拒絶し侮辱して以来、芸術活動を妨害され、人生に絶望し、主人への抵抗として他の男の子供を産み死んでしまう物語である。後者は、オリョール出身のレスコーフが、自分の子供時代の思い出から創作したもので、主人の暴虐に耐えられなくなった恋人たち――伯爵お抱えの理髪師であり農奴劇場のメイク・アップ係である青年と女性舞踊手が、屋敷から逃亡し、結局捕まって悲惨な結末を迎える物語である。両作品とも虐げられた農奴の境遇を描くことが主で、劇場生活についての記述はそれほど多くはないが、所々に見られる劇場についての短い記述と同時代の劇場人の回想（『雑記ロシアの昔』）を照合すると、上演の様子や劇場支配人カメーンスキーの姿が浮かび上がり興味深い。

公爵はロシア的な心の広い、おうような気質だった。芸術をこよなく愛し、非常にセンスがよく、贅沢に対する臨機応変の才を持っていた。だがその際、よくあるように、自制する習慣がなく、無駄使いはこの上なかった。（「泥棒かささぎ」筆者訳）

俳優たちは農奴だったが、そのうちの何人かは、高価な値で伯爵が買ったものだった。たとえば、クラフチェンコという俳優の夫婦と、カチューチャやタムペッチをとりわけ見事に踊る彼らの六歳の娘を手に入れるために、オフロシーモフ氏に村と二五〇人の農奴を譲ったのだった。（『雑記ロシアの昔』筆者訳）

この劇場では作品が絶えず替えられ、新しいものを上演するたびに、衣裳と極めて豪華な装置が新調された。例えば「バグダッドのカリフ」では、金糸の縫い取りのあるシルクやビロード、じゅうたん、ダチョ

カチューチャの踊り（踊り手はファニー・エルスラー）

ウの羽根、トルコのショールの費用が、総額三万ルーブル以上だった。しかしそのわりには、このすべての試みは、本格的な劇場というよりも、何か正気とは言えない思いつきに見えた。（同右）

右の引用にあるように、カメーンスキーは、劇場のための支出を惜しまなかった。農奴劇場は富を誇る手段であったとはいえ、それは常軌を逸していた。カメーンスキーは劇場のために破産したと言われている。

彼は事務所にいて、切符を申し込んできた人物が、切符を渡すに値するか否か、値するとすればどの席がふさわしいかといった深い配慮を持って、切符を分配していた。（「泥棒かささぎ」）

カメーンスキーの日課は次のようになっていた。〔…〕自分の手で切符を分配して送り、発行した切符一枚一枚について自分で帳簿に書き込み、同様に切符の代金も書き込んだ。その時いつも、だれからの使いの者かと尋ね、使いの者が気に入らない場合は、いくらお金を積まれても切符を売らなかった。

（『雑記ロシアの昔』）

この二つの引用を対照すると、劇場支配人のカメーンスキーの姿が浮き彫りになってくる。農奴劇場には、非公開で屋敷の客として貴族たちを招いて上演するものと、営利本位の大衆向けのものがあり、後者は地方の劇場によく見られたタイプである。カメーンスキーの劇場も（主人のきまぐれはあるものの）営利本位のものだった。

リュボーフィ・オニーシモヴナは、〔…〕その多面的な才能の発展の最も興味深い時期にあった。彼女は「名曲集」の合唱に加わり、「中国の菜園婦」の中心的な役を踊り、悲劇の天分を感じていて〔…〕。（「ヘア・メイクアップ・アーティスト」筆者訳）

ここでは、ダンサーであるはずのヒロインが、歌も踊りも芝居も行うことになっている。当時の劇場では、ダンサー、歌手、俳優などの専門に分けられてはいたが、それぞれが種々のジャンルに出演していたのである。

桟敷席では、伯爵の前の机にノートが置かれ、そこに舞台で目についた過ちや手抜かりを、伯爵が自分の手で書き込んだ。後ろの壁には、何本も鞭が掛けてあり、伯爵は幕が終わるごとに楽屋へ行き、過ちを犯した者を罰するのだった。その泣き叫びが、時折観客席にまで聞こえた。彼が俳優たちに要求するのは、台詞を一字一句まちがわずに覚え、プロンプターなしで話すようにということであり、言葉につまった者は、ひどいめにあわされた。しかし、演技についてとくに気を配るということはほとんどなかった。（『雑記ロシアの昔』）

カメーンスキーの劇場は、桟敷席が二階、その上に天井桟敷があり、一階に平土間がある本格的なものだった。しかしそれに反して、この引用に見るように、上演のレベルはさほど高くなかったようである。
カメーンスキーの劇場は、主に軽いタッチの喜劇やオペラ、ヴォードヴィルが上演され、二つの物語にある作品の上演記録は残っていない。悲劇の上演はまれであったようである。小説中で悲劇作品を上演させたのは、作品をドラマティックにするための作家たちの虚構だったという想定も成り立つ。

II　農奴劇場の多様性

さて次に、農奴劇場の多様性を示すために、舞台芸術の各要素別に具体例を挙げて比較検討したい。バレエの上演に力を入れていたのは、ユスーポフ家、シェレメーチェフ家、ゾーリチ家、ホルバート家、ルジェーフスキー家等々であるが、特徴的であるのは、これらの劇場の大部分が、豪華な設備や美術、衣裳を誇っていたということである。

1　劇場の建物について

豪華さと設備のよさで際立っているのが、シェレメーチェフ家のオスタンキノ（モスクワ郊外）の劇場である。シェレメーチェフは六つの劇場を所有していた。大部分の上演はクスコヴォ（モスクワ郊外）とモスクワで行われたが、上演活動をやめる直前に建てられたオスタンキノにある劇場が最も豪華であり、機能的にも優れている。宮廷劇場に比肩すると言われ、三階建ての桟敷席と平土間で約二〇〇人を収容した。シャンデリアや燭台、青と白に統一された色彩など装飾も美しく、機械や照明の設備も当時の西欧の最新のものだった。

ユスーポフ家には、モスクワとアルハンゲリスコエ（モスクワ郊外）に劇場があり、上演は前者が主であったのに対し、建物のすばらしさは後者が有名である。設計は名高いイタリアの舞台芸術家ピエトロ・ゴンザガ（ゴンザゴ）（一七五一～一八三一）が担当した。約四〇〇人を収容し、ゴンザガの貴重な絵が多数飾られていた。美しい風景画の緞帳も評判であった。

ハリコフのゴリーツィン家には二つの劇場があり、その一つは、公園の自然の洞窟の壁面を削って客席を作り、その中で妖精役のダンサーたちが踊るという幻想的なものだった。自然を利用した舞台は一八世紀西欧で流行したスタイルであり、シェレメーチェフ家にも、幾何学模様に整備した庭園に建物などの舞台装置を置いて上演する屋外劇場があった。

この一方で、ニージニー・ノヴゴロドのシャホフスコーイ家の劇場のように、通常は質素な丸太小屋で上演し、夏には定期市に公演に出かけて、一〇〇〇人ほど収容する即席の小屋で上演を行うというものもあった。農奴劇場の定期市での公演はよく行われた。

シェレメーチェフ家の農奴劇場（オスタンキノ）

2 舞台美術、機械設備について

すぐれた劇場のシェレメーチェフ家の場合、ニコライ・シェレメーチェフが西欧に留学した時の恩師イヴァルにパリ特派員として働いてもらい、西欧の最新作を常に劇場のレパートリーに取り入れ、衣裳や舞台装置の詳細なスケッチもパリから送ってもらっていた。衣裳は宮廷劇場の仕立屋が製作し、装置や小道具は、イタリアの美術家に学んだ農奴美術家が担当した。

エカテリーナ二世の寵臣で贅を尽くしたことで有名なゾーリチの劇場では、一回の上演に七〇回舞台装置が取り替えられたこともあった。

一方、質素な例では、シンビールスクのグルジンスキー家のように、舞台装置を使わず、扮装して粗末な小道具を持った農奴をロープで下げただけで舞台装置とした劇場もあった。

3 ダンサーの養成

ロシアに初めてバレエ学校ができたのは一七三八年である。サンクト・ペテルブルグの貴族幼年学校で舞踏会のダンスを教えていたフランス人ランデの手により設立された（第一章参照）。初年度、養成のために集められた生徒は一二人ずつの少年少女である。モスクワでは、一七七三年にイタリア人ベッカリが養育院で孤児に教え始めたときが、バレエ学校の創立となる。プロになった第一回卒業生は一六人であった。それつまり、農奴劇場が盛んだった時代は、ロシア全体がダンサーを養成し始めて間もない頃であった。

ゆえ、各々の農奴劇場がダンサーを養成し、その数を増やしていったことには大きな意義がある。農奴ダンサーたちは、後に帝室(国立)の劇場に入ってゆくことになるからである(農奴劇場崩壊の部分で後述する)。農奴劇場では、外国人、あるいは、財力のない場合はロシア人のバレエマスター兼教師を雇ってダンサーを養成するのが普通だった。だが、特にバレエに力を入れていたユスーポフ家、シェレメーチェフ家、ヴィクサのシペリョーフ家などには、劇場付属学校が創られ、西欧の有名な教師が雇われた。

ユスーポフ家の学校では、五〜一四歳の少女が、舞踊、歌、音楽、ロシア語、フランス語、イタリア語を学んでいた。教師は帝室劇場のバレエマスターも務めたジュゼッペ(ヨシフ)・ソロモーニ(生没年不明)、そして彼を引き継いだのが、帝室劇場の名舞踊手であったフェリツァアタ・ギュレン=ソル(一八〇五〜六〇)である。ユスーポフ家からは優れたバレリーナが育ち、一八三一年に主人の死で劇場が閉じられた後、民間の劇場で活躍したり、ラブトフスカヤのように、故郷の地主ホルバートのもとでバレエ団を組織し、優れた上演を行ったバレリーナが現れた。

シェレメーチェフ家の学校は、一七八九年に孤児を集めて創られ、男女の生徒が学んだ。厳しい規律のもとで音楽や舞踊がアーティストの専門別に教授され、一般教育も行われた。舞踊教師としては、帝室劇場でも指導にあたった西欧の先進的な舞踊改革者たち、ル・ピック、ソロモーニ、コゼーリほか九人の名前が残っている。

シェレメーチェフ家のダンサーはかなり優れていたと伝えられるが、ニコライ・シェレメーチェフの独占欲が強かったため、一八〇一年の劇場閉鎖後プロになったダンサーは、クムリュシェンコのみであった。シェレメーチェフ家で最も優れていたダンサーと伝えられるのは、タチヤーナ・シルィコワ=グラナートワである。シルィコワは芸域の広いダンサーであった。悲劇でも喜劇でも名演を見せ、舞踊の技術も優れていたと言われている。その理由は、シルィコワは優遇され貴族同様の生活を送った。その理由は、階級差を克服してやっとシェレメーチェフ伯爵と結婚し、その直後に病死してしまった農奴歌手ジェムチュゴーワが、彼女の親友であったからである。

シェレメーチェフ家は、裏方を除くアーティストだけで二〇〇人以上を抱え、そのうちダンサーは男女同数で、約七〇名だった。

ジェムチュゴーワ

4　レパートリー

農奴劇場が上演した作品は、メモワールや台本、一部の劇場に残っている上演リストからタチヤーナ・ディンニクが数えたところによると、全部で二九七作品である。そのうち、オペラは九四作品、バレエは二八作品である。ただし、当時はオペラの中にバレエが含まれる場合が非常に多かったため、バレエはかなり頻繁に上演されていたことになる。ここで念のため、一八世紀のバレエの上演形態を明確にしておけば、第一に、オペラの一場面としてバレエが挿入されるもの、第二に、オペラの間奏曲として、オペラの内容とは全く無関係のバレエが上演されるもの、第三に、オペラで上演したものを、その直後に同じ舞台装置を使ってバレエで表現するもの、第四に、ディヴェルティスマンと言われる形式で、相互につながりのない多種多様な小品のバレエを集めて、一つのコンサートとして上演するもの、そして最後に、一八世紀後半から現れて一九世紀には主流になる、多幕ものの独立したバレエ劇である。ディンニクのリストでバレエとされているものは最後の二つの形態のみであって、それ以外のバレエは、オペラのジャンルに入れられたことになる。

バレエの上演で有名なユスーポフ家には、上演リストが残されていない。だが、劇場運営収支決算表には、コサックやチロル、ポーランドの踊り等の民族舞踊の衣裳代の記載がしばしば見られる。このことから、ユスーポフ家の上演は、ディヴェルティスマンが多かったのではないかと推測されている。また、特にコサック・ダンスの衣裳代が多いことからロシア的な作品に力を入れていたことも考えられる。

農奴劇場の上演でもっとも重要であるのが、シェレメーチェフ家のものである。シェレメーチェフがロシア一の劇場を作ろうとしただけに、上演の質の高さはプロの劇場を上回るものだった。前述したように、音楽の才豊かなニコライ・シェレメーチェフは、西欧に留学し、パリ・オペラ座のチェリスト、イヴァルに師事した。そして帰国後、イヴァルがいわばパリ特派員となって、初演後すぐにパリ・オペラ座の新作をシェレメーチェフに知らせていたという。つまり、新作の台本や楽譜、装置や衣裳の詳細な説明とスケッチ、時には注文で作らせた舞台装置のミニチュア版、演出法の説明などが、初演後すぐにロシアに送られてきたのである。こうして、シェレメーチェフ家の舞台では、パリ・オペラ座の新作を初演の数カ月後に見ることができたのだった。

シェレメーチェフは、ヴォルテールやルソーのおびただしい蔵書から、百科全書家の思想や美学に傾倒していたと考えられ、それゆえに、彼らに共鳴するアンドレ・グレトリイ（一七四一～一八一三）のオペラや、バレエ改革者ノヴェール、ソロモーニのバレエを積極的に上演していたようである。ノヴェールは第一章で述べたように、一九世紀、二〇世紀のバレエにまで影響を及ぼしたバレエ改革者で、フランス革命前の啓蒙思想をバレエと結びつけ、論理的に一貫して筋の展開するバレエ、人間の情熱を表現するバレエを提唱していた。パリ留学中に、シェレメーチェフはノヴェールと親交を結んでいる。シェレメーチェフの劇場が活動した一八世紀末、モスクワの有力な劇場は、一八〇六年に帝室となるボリショイ劇場の前身、英国人興業師メッドクスのペトロフスキー劇場だった。この劇場が大衆向けであったことを考えると、シェレメーチェフの劇場は、モスクワのＶＩＰたちにとって、西欧の芸術の最新情報を優れた上演の形で知ることのできる重要な場所であったと考えられる。ソロモーニがメッドクスの劇場で、ノヴェールのシリアスなバレエ『メディアとイアソン』（初演一七六三年）、『アガメムノンの死への復讐』（初演一七七一年）等々を上演して観客に受け入れられなかったのに対し、シェレメーチェフの劇場では、同じ作品が好評を博したことは、彼の劇場と観客の傾向をよく表しているように思われる。この劇場では、帝室劇場よりも先に上演したり、この劇場のみが上演した西欧の作品も少なくなかった。戯曲の翻訳は、才能ある農奴ヴロブレフスキーが行った。他の劇場が入手していない戯曲の翻訳を持っていることが伯爵の自慢だった。翻訳戯曲を出版することは伯爵により禁じられていたため、ヴロブレフスキーの翻訳は残っていない。

このように貴族文化の繁栄の時期に盛んに行われていた農奴劇場の活動は、農奴制の崩壊が進むにつれて下火になってゆく。

まず、財政難に陥り農奴劇場を続ける余裕のなくなった多くの地主貴族たちが、プロの劇場や帝室劇場に農奴アーティストを売りに出した。有名な例としては、優れていることで名高いルジェーフスキー家のダンサー二一人が一八二五年にモスクワのボリショイ劇場に売られ、そのうち四人がソリストとして活躍した。また、ボリショイ劇場の前身ペトロフスキー劇場に入団したモスクワ・バレエ学校（現在のモスクワ・バレエ・アカデミー、通称ボリショイ・バレエ・アカデミー）の第一回卒業生の中にも、バレエ学校に寄付された農奴のダンサーたちが入っていた。

一方、地主の劇場の多くは、財政が困難になると、カメーンスキー家やシャホフスコーイ家のように、営利本位の劇場となり、農奴アーティストを働かせて収入を得るようになった。

さて、こうして約一世紀の間ロシア全土で展開された農奴劇場の華やかな活動は、バレエ史にとってどのような意味をもっていたのだろうか。

まず第一には、農奴劇場で養成されたダンサーが後に帝室劇場に流れることによって、プロのダンサーの人口を大幅に増加させたということである。まだ創立後間もなかった帝室バレエ学校では、それほど多くのダンサーを養成してはいなかったのである。

第二には、営利本位の劇場となって農奴制崩壊後も生き残った地主の劇場が、地方都市のプロの劇場の母体となったということである。

そして第三には、シェレメーチェフ家の活動が、ロシアの知識階級や舞台芸術の発展に、少なからぬ影響を及ぼしていたのではないかということである。この問題に関しては、上演作品の内容、シェレメーチェフの思想、彼のロシアと西欧での交友関係、イヴァル本人とその周辺についてなど、今後まだまだ検討しなければならない点は多いが、少なくとも、西欧の最新の作品を上演し、その戯曲、演出法、舞踊の技術を次々と伝えた点、その作品が啓蒙主義に傾倒する作者のものであったという事実だけでも、シェレメーチェフ家の芸術活動の意義は大きかったと言える。

〔第五章〕

古典作品の誕生——マリウス・プティパ

今日世界中で上演されている『眠れる森の美女』『白鳥の湖』等々の古典バレエ作品の大部分は、一九世紀後半にロシアの帝室マリインスキー劇場（サンクト・ペテルブルグ）で、マリウス・プティパ（一八一八〜一九一〇）が創作したか、あるいは、彼が大幅に改変したものである。一九世紀前半にフランスを中心にヨーロッパで全盛を極めたロマン主義バレエは、一九世紀後半になると衰退してゆき、ヨーロッパではバレエ芸術自体が力を弱めていった。それに対し、一八四〇年代からフランス人マリウス・プティパがやって来て活躍し始めたロシアでは、一九世紀後半に彼の創作と指導によりバレエの黄金時代が到来し、今日名作古典バレエと呼ばれるものが続々と誕生してゆく。さらには、二〇世紀の世界のバレエの大きな二つの潮流――ドラマ・バレエとシンフォニック・バレエは、プティパの作品に源を発して出来上がった（第一二章参照）。

マリウス・プティパ

マリウス・プティパはこのように、バレエ史上最も重要な人物である。この章では、彼のロシアでの創作前期の名作『バヤデルカ』（初演一八七七年）と、彼の最高傑作といわれる後期の代表作『眠れる森の美女』（初演一八九〇年）、バレエの代名詞とも言えるプティパ主導によるレフ・イワーノフとの共作『白鳥の湖』（初演一八九五年）、彼の最後の傑作『ライモンダ』（初演一八九八年）を取り上げ、創作の変遷を辿ることで、彼の芸術活動の意義と、そこに内包されていた二〇世紀以降のバレエの基盤を明らかにしたい。この試みは、後世に加えられた改変をほぼ取り除いた原典の復元版が現れたことで可能になったといえる。一九世紀のバレエ界は著作権の認識がなかったために、その作品は彼の亡き後様々に手を加えられてきており、その原型を知ることが困難になっていた。だが、幸い、一九九九年からマリウス・プティパの本拠地マリインスキー劇場が、ステパーノフ考案の方式で踊りを記録した彼の作品の舞踊譜、オリジナルの音楽のスコア、保存されていた衣裳と美術のスケッチと模型や、膨大な量の当時の写真、二〇世紀前半に行われた彼の作品復元に参加した人々の記憶をもとに、マリウス・プティパのオリジナル版の復元に着手し、現在は、本章で取り上げる四作品を含め、ほかの劇場でも復元が行われた左記の一〇作品を、原典版で見ることができる。

マリインスキー劇場
『眠れる森の美女』（一八九〇年初演版を一九九九年にセルゲイ・ヴィーハレフ復元）
『バヤデルカ』（一八七七年初演版の一八九四年改訂版を、二〇〇二年にヴィーハレフ復元）
『フローラの目覚め』（一八九四年初演版を二〇〇七年にヴィーハレフ復元）

ノヴォシビルスク・ボリショイ劇場
『コッペリア』（一八七〇年サン＝レオンによる初演版の一八九四年プティパ改訂版を、二〇〇一年ヴィーハレフ復元）

モスクワ・ボリショイ劇場

『海賊』（一八五六年マジリエによる初演版の一八九九年プティパ改訂版を、二〇〇七年アレクセイ・ラトマンスキーとユーリー・ブルラーカ復元）
『パキータ』（一八四六年マジリエによる初演版の一九〇四年プティパ改訂版より、「グラン・パ・クラシック」のみ二〇〇八年ブルラーカ復元）
『コッペリア』（一八七〇年サン＝レオンによる初演版の一八九四年改訂版を、二〇〇九年ヴィーハレフ復元）
『ジゼル』（一八八九年プティパ版に、一八四〇年代のパリ・オペラ座の演出を加えたものを、二〇一九年にラトマンスキー復元）

アメリカン・バレエ・シアター
『眠れる森の美女』（一八九〇年初演版の一八九二年プティパ本人による改訂版を、二〇一五年ラトマンスキー復元）
『アルレキナーダ』（一九〇〇年初演版を二〇一八年ラトマンスキー復元）

ミラノ・スカラ座
『ライモンダ』（一八九八年初演版を二〇一一年ヴィーハレフ復元）
『眠れる森の美女』（一八九〇年初演版を二〇一五年ラトマンスキー復元）
『白鳥の湖』（一八九五年初演版を二〇一六年ラトマンスキー復元）

チューリッヒ・バレエ
『白鳥の湖』（一八九五年初演版を二〇一六年ラトマンスキー復元）

ベルリン国立バレエ
『バヤデルカ』（一八七七年初演版の一九〇〇年プティパ本人による改訂版を、二〇一八年ラトマンスキー復元）
バイエルン国立バレエ
『パキータ』（一九〇四年プティパ版を二〇一四年にラトマンスキー復元）

筆者は、『パキータ』『海賊』『ライモンダ』『アルレキナーダ』以外は、実際に舞台を見、さらに、『白鳥の湖』『アルレキナーダ』『ジゼル』以外は、映像資料を入手している。『パキータ』『海賊』『眠れる森の美女』の全幕復元映像は市販のものがなく、復元者本人が撮影した資料を入手した。本章では、可能な限り復元された原典版を参照することで、プティパの芸術の真の姿に迫っていきたい。

ここで、プティパの作品が記録されている舞踊譜について少し説明を加えておきたい。
現在のようにビデオ撮影ができない時代、振付家たちは自分の作品を記録するために、苦心して自分なりの様々な方法を考えてきた。帝室劇場の首席バレエマスター（バレエ団の運営、振付、指導を行う芸術面での最高のポスト）としてロシア・バレエ界の頂点に立っていたプティパの場合は、引退直前の一九世紀末に、劇場支配人テリャコフスキーが、プティパの作品を記録に残しておく必要性を感じ、ステパーノフが考案した記譜法で、三人の記録者を使ってバレエ五〇作品、オペラの中のバレエ五〇作品を記録した。音符一つ一つに動きを記入する膨大な時間を要したプロジェクトだった。

ところが、この舞踊譜は、記録者の一人でマリインスキー劇場の舞台監督であったニコライ・セルゲーエフ（一八七六〜一九五一）が、ロシア革命直後の一九一八年に西欧に亡命した際、西欧のバレエ団に作品を売るために持ち去ってしまった。セルゲーエフのこの窃盗行為は非難されるべきものではあるが、彼が舞踊譜を持ち出し英国ロイヤル・バレエに上演をもちかけたおかげで、プティパの作品は世界に広まってゆくことになった。

一方ロシア国内では、舞踊譜が無くなった段階では、プティパの作品をバレエ団の人々が記憶しており、いずれにしても踊りは身体で伝えていくものだということであまり問題にもならず、舞踊譜の存在さえ次第に忘れられていった。そして、後世の振付家たちが、ソ連時代は社会主義にふさわしい内容にこだわる国家の要請を受け、あるいは古典作品に自分の足跡を残そうとして、少しずつ改作を行ってきたため、前述したように、初演から一世紀以上が経過した現在、原典版とはかなり異なる演出振付をプティパのものと呼んでいるという事態になっている。

一九九九年にロシアで最初に舞踊譜を使って復元を行ったマリインスキー・バレエのセルゲイ・ヴィーハレフ（一九六二〜二〇一七）は、ソ連が崩壊し西側との交流が盛んになったときに、プティパ作品の舞踊譜がハーバード大学のシアターコレクションに所蔵されていることを初めて知った。そして、『眠れる森の美女』のプロローグの部分の復元演出を試みてみたところ、プティパの手によるものと信じてきた現在の振付と大きく違うことに驚き、かつ、プティパの振付のすばらしさに驚嘆し、一連の復元の試みが続けられることになったのである。ステパーノフ式の舞踊譜の解読を学んでいたアレクセイ・ラトマンスキー（一九六八〜）

とユーリー・ブルラーカ（一九六八〜）がボリショイ劇場で舞踊譜での復元を始めたのも、ヴィーハレフの復元の影響である。

I　ロシアに来るまでのプティパ

まず、ロシアにやって来る前のマリウス・プティパの経歴を簡単に述べておこう。

マリウス・プティパはフランスのマルセイユで舞踊一家のもとに生まれた。ロシアで活動を始めるのは一八四七年だが、初舞台は一八三一年ブリュッセルで、父アントワーヌ・プティパ（一七八二か八七か九六〜一八五五）のカンパニーの一員としてデビュー。その後、フランス国内や北米、スペインなどで踊り、小品もいくつか発表したが、さほど際立つ存在ではなかった。スペインで踊り、本格的なスペイン舞踊を学んだことは、マリウスの作品にしばしば登場する民族舞踊の優れた振付に大きく貢献している。

マリウスと共に父のもとで踊った兄リュシアン・プティパ（一八一五〜九八）は、一八四一年パリ・オペラ座初演のバレエ『ジゼル』のアルブレヒト（初演名はアルベール）役で成功を収め、ジゼルを踊ったバレリーナ、カルロッタ・グリジ（一八一九〜九九）のパートナーとなり、その後もパリ・オペラ座の優れた舞踊手としてヨーロッパに名をとどろかせた。一八六〇〜六八年の間パリ・オペラ座バレエ団のバレエマスターを務め、バレエ作品やオペラのバレエシーンの振付も行った。マリウスと父がロシアから招かれることになったのも、有名な兄の口利きのおかげだった。父アントワーヌは、ペテルブルグの帝室舞台芸術学校（現ワガーノワ・バレエ・アカデミー）で、ダンサーを養成した。

II 『眠れる森の美女』以前――『バヤデルカ』ほか

1 創作前期の名作『バヤデルカ』誕生まで

ディドロの作品でのロマン主義バレエの萌芽の後、一八三二年にフランスからアントワーヌ・ティテュス（生没年不明）がやってきて、フランスで生まれたロマン主義バレエの傑作『ラ・シルフィード』（ロシア初演一八三五年）や『ジゼル』（同一八四二年）を上演し、ロシアでもロマン主義バレエが流行する。ティテュスは、マリウスの兄リュシアンから『ジゼル』の演出振付の情報を得ていた恩があったという。そのため、一八三七年から帝室劇場のバレエマスターの地位についていたティテュスの計らいで、マリウスと父がロシアで働くことが（しかも優遇されて）可能になった。

プティパは一八四七年にロシアのペテルブルグにやって来て、ボリショイ（・カーメンヌイ）劇場（後の帝室マリインスキー劇場）でダンサー兼振付家として働き始めた。そして、ティテュスの後ロシア・バレエ界を指導していたフランス・ロマン主義バレエの重要な振付家ジュール・ペロー（一八一〇～九二）、続いてアルチュール・サン＝レオン（一八二一〜七〇）のもとでダンサー、バレエマスターとして働き、サン＝レオンがロシアを去った後の一八六九年に、彼の後を引き継いでリーダーとなる。つまり、帝室マリインスキー劇場首席バレエマスターに就任したのである。それは、あらゆる帝室劇場（現国立劇場）のバレエ部門を牽引するポストだった。このポストを得るきっかけとなった出世作は、一八六二年初演の大作『ファラオの娘』である。

プティパが首席バレエマスターとして働き始めた頃、つまりロシアの一八七〇年代前半は、貴族自らが農奴制を廃止して民主的な社会を築こうとしていた時期だった。だが、ロシア社会のこの気運を、外国人のプティパはほかの芸術ジャンルのように作品に反映せず、バレエはロシアの芸術界の中で浮いてしまった。しかし七〇年代後半、ジャーナリストのフデコーフの台本執筆協力もあって、当時ロシアの人々の心をとらえた「自分の生き方を自分で選択し、そのためには死をも厭わない女性（オストロフスキーの『雷雨』、トルストイの『アンナ・カレーニナ』等々）」を、『バヤデルカ』（初演一八七七年）、『ロクサナ――美しいモンテネグロ人』（初演一八七八年）、『ゾライヤ――スペインのモーリタニア娘』（初演一八八一年）などで描くことで、プティパのバレエは、主に文学や演劇が作っていたロシアの芸術の潮流に組み込まれたのである。

2 『バヤデルカ』

『バヤデルカ』は、ロシア・バレエ界のリーダーとなった後のプティパの創作活動の前期の名作である（日本では『ラ・バヤデール』とフランス語で呼ばれている）。一八七七年に、プティパがロシアで発表したほとんどの作品同様、ペテルブルグの帝室マリインスキー劇場で初演された。音楽はレオン（リュドヴィク）・ミンクス（一八二六〜一九一七)。

バヤデルカとはインドの寺院にいた職業としての舞姫を指し、ヒロインのニキヤはバヤデルカの一人である。プティパのオリジナル台本は現在世界で上演されているものと少々異なるがまず現在の台本では、ニキヤと寺院の警護にあたっている戦士のソロルが恋人同士であるのに、ソロルが付き従っている武将ドグマンタが、ソロルに自分の娘ガムザッティと結婚するように言い、ソロルは断れずに、またガムザッティが美しかったこともあり、結婚を承諾してしまう。そして、結婚の妨げとなるニキヤは殺される。

ガムザッティ

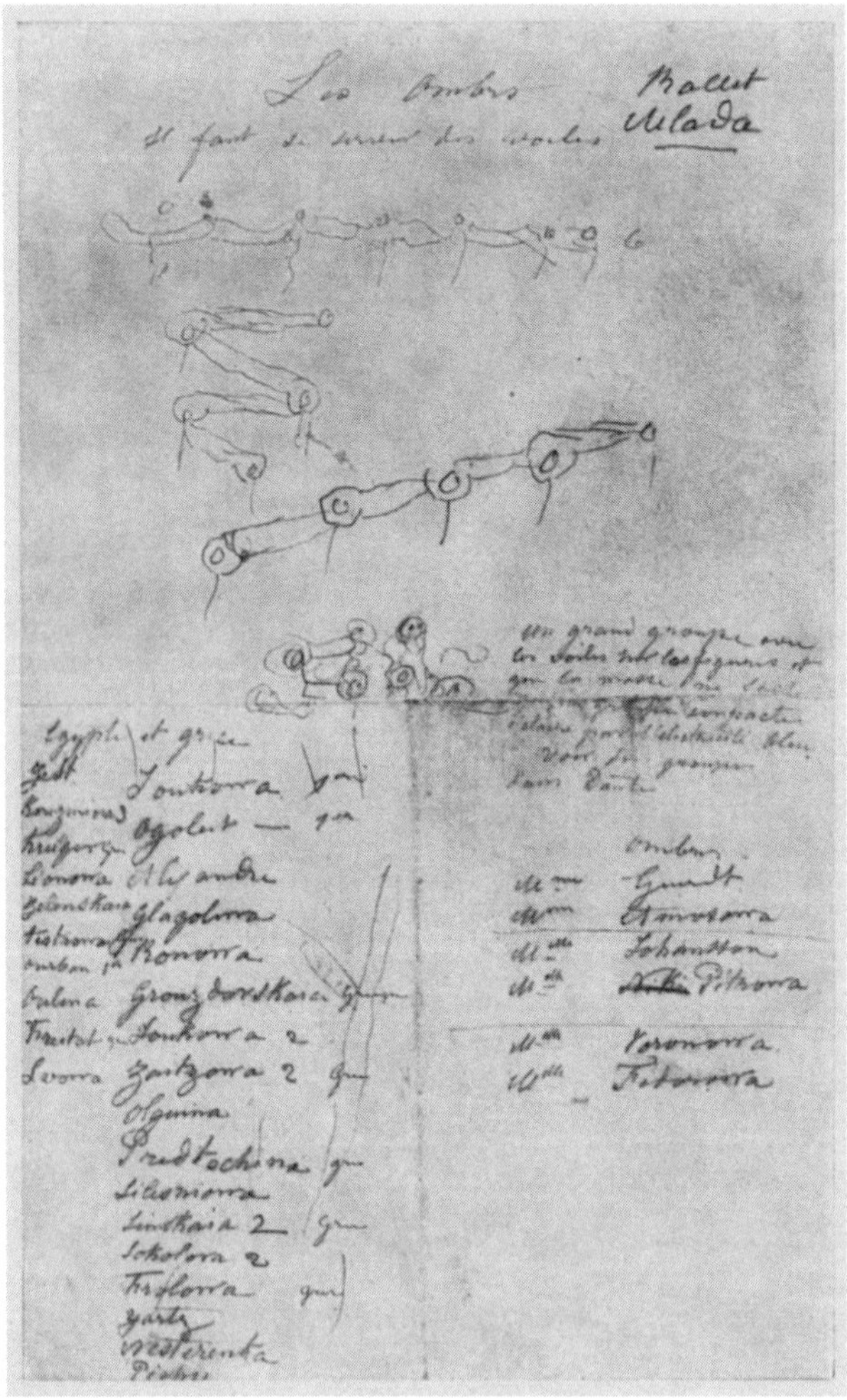

プティパの描いた群舞のフォーメーション

は現在の諸版では、妙技の見せ場は多いが、役柄としては、単にニキヤとソロルの愛の妨げとなる悪役である。しかし、プティパ原典版の台本では、「インドのかつての風習で、同居はしないが、子供時代にガムザッティとソロルは親が決めた結婚をしている」関係にある。よって、大人になったガムザッティにはソロルと結ばれる権利があり、彼女は悪役とは言えないのである。むしろ、親が決めたとはいえ、妻がいるのにニキヤと恋仲になってしまったソロルがニキヤの死を招いたと言える。一八三〇年代から七〇年代あたりの潮流であったロマン主義バレエでは、『ラ・シルフィード』『ジゼル』等々、男が愛を貫かないために女性たちを不幸にしてしまう物語が多い。『バヤデルカ』の原典版は、この人物設定からもエキゾティックなインドの物語であることからも、さらには、第一幕第二場ニキヤとガムザッテ

プティパの描いた群舞の振付とフォーメーション（『バヤデルカ』）

ィのいさかいなど、マイムだけで展開する長い芝居場面を含むことからも、かなりロマン主義的色合いの濃いバレエと言うことができる。

さて、ヒットの要因となった、七〇年代のロシア社会の民主化の波を反映している部分は、以下のシーンである。

自分の恋人ソロルとガムザッティの婚約式に、ニキヤは仕事として踊りで二人を祝わなければならない。悲しみに沈んでニキヤが踊っていると、ソロルからと花籠が贈られ、花籠を彼女が抱きしめると、中に入っていた毒蛇に噛まれてしまう。ニキヤを邪魔に思う者の仕業だった。ここで、ニキヤを愛する大僧正が、自分を愛してくれるという条件で毒消しをニキヤに差し出すが、ソロルを失ったニキヤは救いを拒絶して死を選ぶ。この自ら死を選んだニキヤの行為が、当時のロシア社会の新しい女性像を反映していて、共感を呼んだのだった。

加えて注目したいのが、プティパの一八九〇年代以降の作品は、マイムとキャラクター・ダンス（個性、特性、民族性が強く現れるダンス）で物語を進める一方、クラシック舞踊（クラシック・バレエの基本となる動きの語彙で、外股の一番から五番までの足のポジションを使い、人間の身体の歪みを消し、完璧な調和の美しさを描く動きの踊り）は専ら踊りの美しさの見せ場となり物語は進まない。よって語りのマイム、キャラクター・ダンスと語らずに踊りを見せるクラシック舞踊部分がはっきりと区別できる。ロマン主義バレエは、芝居性を重視して、マイムと舞踊部分を分離しないように混ぜ合わせる傾向があるが、それとは異なる振付法である。しかし、一八七〇年代に創られた『バヤデルカ』の、大きな見せ場であるニキヤの死の前の悲しみの独舞は、マイムを使わずに強い感情が込められた「語りの踊り」であり、しかもそれが、プティパ特有の極めて美しい振りで表現されているのである。数分の踊りではあるが、芝居として作られたロマン主義バレエの、頂点に立つ振付の一つ、そして、二〇世紀以降のドラマ・バレエの先駆けである（第六章参照）と位置付けることができるだろう。

しかし、ニキヤの悲劇と新しい女性像を描くドラマがこの作品の大きな魅力だったとはいえ、それ以上にこのバレエの成功の要因となったと言われているのは、ニキヤの死後、ソロルが夢の中でニキヤに再会するシーンである。それは、白い衣裳を着たバヤデルカの幻影の群舞とソリストたちが織りなす舞踊のハーモニー、「影の王国」と名付けられた場面の、専ら音楽を描く極めて美しい舞踊のみのシーン。プティパ以前の振付家たちのロマン主義の芝居としてのバレエ、つまり、マイムと踊りを織りまぜての具体的な叙述の物語バレエに対して、作品の一部であるとはいえ、舞踊そのものを見せる抽象的な、天上の音楽のようなバレエの素晴らしさ、すなわちプ

『バヤデルカ』「影の王国」の群舞（ボリショイ・バレエ）© Damir Yusupov（写真提供：ジャパン・アーツ）

ティパの新しさが、ここで認識されたのである。

さて、こうして『バヤデルカ』が成功を収め、同様の民主化の気運を盛り込んだ作品『ロクサナ』、『ゾライヤ』が発表される。ところが、『ゾライヤ』が初演され、その舞台評が掲載される間もなく、皇帝アレクサンドル二世が過激派により暗殺されてしまった。盛り上がっていた民主化の気運は一気に押し潰され、国中に反動の嵐が吹き荒れた。そして、厳しい検閲のために、プティパも創作意欲を失ってしまった。

そのプティパの危機を救ったのが、バレエ『眠れる森の美女』（初演一八九〇年）の発案者、新たに帝室劇場総裁となったイワン・フセヴォロシスキー（一八三五〜一九〇九）だった。

III　最高傑作『眠れる森の美女』

1　フセヴォロシスキーの発案

フセヴォロシスキーがプティパに提案したのは、皇帝に見せるための、皇帝の心を愉しませる、皇帝を賛美するバレエだった。そういったバレエであれば、検閲で却下されないばかりでなく、制作費を皇帝がふんだんに提供してくれるのだった。このようなバレエの制作のために目を向けられたのが、フセヴォロ

『眠れる森の美女』初演当時の宝石の精（A. ヨハンソン、K. クリチェフスカヤ、E. クリュゲル、M. チストロワ）

『眠れる森の美女』初演当時のオーロラ姫カルロッタ・ブリアンツァ（1867-1935）

『眠れる森の美女』初演当時の赤ずきん（マチルダ・クシェシンスカヤ）

『眠れる森の美女』初演当時の長靴をはいた猫（A. ベケーフィ）と白猫（M. アンデルソン）

シスキーが熱愛していた国フランスの、強大な国力をもちバレエも大きな発展を見せたルイ一四世時代であり（フセヴォロシスキーは以前フランス大使だった）、それを描く題材として、ルイ一四世時代に編纂されたペローによる童話『眠れる森の美女』が選ばれたのである。ヨーロッパにはすでに絶対王制が存在していなかった一九世紀末、徳の高い優れた統治能力で世に調和をもたらし、帝国を繁栄させ、数々の豪華な舞台芸術作品を制作させ続ける贅沢ができるのは、もはやロシアの皇帝だけであることを、作品で皇帝に伝え、皇帝を賛美しようとしたのである。それゆえに、初演のバレエ『眠れる森の美女』は、男女五五〇人ずつの登場人物を使い（衣裳を自らデザインしたフセヴォロシスキーのスケッチが男女五五〇枚ずつ保存されている）、豪華な衣裳、大規模な舞台装置を用いる贅を極めた作品なのであり、一九九九年にプティパの活躍したマリインスキー・バレエが完全復元を行うまで二〇世紀に完全復元が行われなかったのは、この作品の規模の大

プティパ原典版『眠れる森の美女』1999年復元（マリインスキー・バレエ）。第一幕農民のワルツ

きさや莫大な制作費も原因の一つであった。

2　善と悪の戦いというテーマ

ロシア革命から社会主義リアリズム（社会主義の世界のすばらしさを描く）芸術のみを認めたソ連時代、新演出でまず変えられたのが、王＝神の恩寵によってこの世は護られ、調和が保たれているというこのバレエのテーマである。西欧のバレエでは、ルイ王朝の「宮廷バレエ」の時代あたりまでそれが主要なテーマとなっていた。バレエ『眠れる森の美女』の中では、王と善の精リラの役が、王＝神の存在として描かれている。

この物語の、王国全体の運命を左右する悪の精カラボスと善の精リラの対立は、バレエでは原作のペローー童話の中での具体的な詳細が省略され、童話の土台となる神話的な、より普遍的で規模の大きな図式が浮き彫りにされている。つまり、この対立は、単に二人の妖精の争いにとどまらず、死、闇、夜、冷たさ、冬等々を内包する「カオス（混沌）」と、豊穣や愛、春を内包する「コスモス（調和）」の対立、そして、カオスからコスモスへの移行が描かれている。リラの精に祝福されての第三幕のオーロラとデジレの結婚式は、まさにカオスが去った後の、善と愛のみが君臨する調和の世界なのである。この両者の対比は、悪意に満ち歪められた姿勢や鋭い動作で怒りをぶちまける年老いたカラボスと、ゆったりとした美しい動作で、母のような優しさと温かさによって世界を包み込むリラの性格付けによって表現されている。さらにそれ以外に、プティパは、地上的な精神世界の部分にはマイムやキャラクター・ダンスを用いてクラシック舞踊を使わないという明確な使い分けを行い、カラボスにはマイムとキャラクター・ダンスを、リラのマイム以外の舞踊部分には全てクラシック舞踊を当てた。クラシック舞踊は完璧で崇高、神聖なるものであるために、そのような表現手段にふさわしい内容を、クラシック舞踊で表現すべきと考えていたからだろう。

またプティパの初演版では、現在の演出でしばしば見られるようなデジレ王子とカラボスの戦いはなく、カラボスは百年の眠りに入ったオーロラ姫を見張ってさえいない。リラがオーロラ姫を眠らせた段階でもうカラボスのカオスの世界は終わっているのであり、姫を目覚めさせるには、神に導かれた王子の、真実の愛があれば十分であって、王子自身が悪と戦う必要などはないからである。ピョートル・チャイコフスキー（一八四〇〜九三）の音楽が描いているのも、カラボスと王子の戦いではなく、リラに幻影を見せられて心を奪われ、初めて実物に会う姫の目覚めを前にしての王子の胸の高鳴りである。カラボスと王子の戦いのシーンが挿入されたのは、ロシア革命直後一九二一〜二三年のフョードル・ロプホーフ（一八八六〜一九七三）の演出からであった。当時は、ロシアの芸術全体の傾向として、新世界のユートピアへの道を切り拓いてゆく人間のたくましさ、強さなどが強調されたのだった。ロプホーフのこのアイデアは、現代人のアクティヴな生活のリズムに合い、さらに原典版には少ない男性の見せ場を補うことになったため、現在では多くの版で用いられている。

ちなみに、このロプホーフの演出の際、現在プロローグでリラの精が踊っている有名なヴァリエーション（独舞）も、新たに振り付けられた。ロプホーフは、原則的にはプティパの演出を復元したのであるが、自分がかつてプティパ版の舞台を見た時にはリラはマイムの役だったと主張して、新たな振付を行なった。実際、ロプホーフが見た時には一〇年以上リラの役を独占し続けていたマリーヤ・プティパ（プティパの娘。一八五七〜一九三〇）が、すでにプロローグのヴァリエーションを踊れなくなり、マイムでその部分をしのいでいたのだった。しかし前述したように、崇高な存在であるリラの役全てをカラボスと同じようにマイムにすることはありえないのである。プティパ版『眠れる森の美女』の舞踊譜には、リラのヴァリエーションが残されており、舞踊譜による原典版の復元を見ると、プティパのスタイルを尊重して振り付けたロプホーフのものより、さらにゆったりとした、包容力を感じさせる振付になっている。

王＝神の恩寵のテーマを表現するシーンは、一九一七年のロシア革命後、ソ連が王制も宗教も否定したために大幅に削除され、ソ連時代の有名な演出――キーロフ（現マリインスキー）・バレエのコンスタンチン・セルゲーエフ版（初演一九五二年）も、ボリショイ・バレエのユーリー・グリゴローヴィチ版も、プティパの舞踊譜やソ連版をもとにした諸外国の版も、善と悪の妖精の対立に話を留めたおとぎ話的色合いが濃い。原典版の哲学的色合いは薄められたとはいえ、これらの演出は、ファンタジーとしての美しさや愛らしさが魅力となっている。

3　最大の特徴――振付と音楽の一致

だが、バレエ『眠れる森の美女』のより顕著な特徴は、テーマよりも、振付と音楽の絶妙な一致にあると言える。ロマン主義バレエの時代、バレエ音楽は、音楽自体の価値をアピールするよりも、一八世紀にバレエから消えた言葉の代わりに状況を伝え、かつ、踊りやすいような曲で振付を支えるものであった。そのバレエ音楽の概念が、一八七七年にチャイコフスキーが『白鳥の湖』を発表することで（初演は、目立ちすぎる音楽と不評だったが）大きく変化し、踊りと対等に肩を並べる、あるいは、作品のコンセプトをリードする力をもつようになる。このようなチャイコフスキーのバレエ音楽が現れたことは画期的な事件であったが、そのチャイコフスキーのバレエ音楽の中でも『眠れる森の美女』は唯一、振付家と作曲家の創作が、同時進行で、両作者の密な相談のもとに進められたものだった。

チャイコフスキー以前にもプティパと作曲家の話し合いは行われたが、主としてプティパが、必要な小節数やリズム、音楽のイメージを要求した。チャイコフスキーとプティパの共同制作のような対等で密なコンタクトは、二〇世紀以降のバレエ創作では、当然のように行われるようになった。

原典版を見ると、舞台上の出来事をチャイコフスキーの音楽がいかに雄弁に語っているかがわかる。チャイコフスキーの音楽は、プティパの優雅なゆったりとしたマイムの台詞代わりとなり、また、前述の『バヤデルカ』の「影の王国」以降のプティパの創作に多く見られるような、踊りで語るのではなく動きそのものの美しさを見せて大勢の群舞とソリストが織り成す大規模でポリフォニックな舞踊シーンを、基盤となって支えている。プティパは創作の際常に、自分がバレエの構想を練り、前述のように、作曲家にそれに従った音楽でのシーン作りや曲の長さ、雰囲気などを要求したが、大作曲家チャイコフスキーの場合、ほかのバレエ音楽の作曲家とは異なり自由度も高く、プティパの案をある程度考慮しながらも、プティパにインスピレーションを与えてくれる彼ならではの音楽を書くことができた。まさに、バレエ『眠れる森の美女』は、振付の巨匠と作曲の巨匠の力の結合が成し遂げた偉業である。

4　古典主義を創作のモデルに

プティパは『眠れる森の美女』で、テーマとしてルイ一四世のバレエを意識し、内容だけでなく形式も古典主義をモデルにした。まず、古典主義に特徴的な〝3〟へのこだわりを見せ、一八九〇年以降の作品は三幕仕立て（『眠れる森の美女』の場合長いプロローグ付き）となり、その各幕は、三つの要素――①マイム、②キャラクター・ダンス、③クラシック舞踊の場面で構成されている。そして、物語よりも音楽を基盤に、音楽と融け合う美しい動きと華麗な技の踊りを創ることを得意としたプティパにとっては、③が最も大切なシーンであり、そこに、主役やソリストと群舞が織り成す最大の踊りの見せ場を盛り込んだ。また、主役や準主役の踊りの最大の見せ場であるパ・ド・ドゥ（①男女二人による「アダージョ」、②それぞれの独舞である「ヴァリエーション」、③再び二人による大技で祝祭的に締めくくる「コーダ」）の形式は、プティパの作品で完成を見た。ちなみに、同様の形式で、三人で踊る場合はパ・ド・トロワ、四人の場合はパ・ド・カトルとなる。

プティパは群舞も、ロマン主義バレエにはなかった複雑な美しいフォーメーションでそれを刻々と変化させることを考えたが、これも、古典主義の特徴である揺るぎない対称形の整然とした美しさで構成されている。「バレエの歴史はほかの芸術とことなり、ロマン主義の後に古典主義に戻っている」と書かれることがあるが、プティパのクラシック（古典主義）・バレエは、古典主義をモデルとして、ロマン主義バレエを舞踊芸術として高度に発展、進化させたものである。

ちなみに、現代の多くの改変演出では、音楽と舞台のシーンの一致を考慮しつつも、マイム部分がかなり削除され、クラシック舞踊の踊り自体の美しさを見せるシーンも、できる限り感情表現のための台詞となるように振り付けられている。つまり、マイムのシーンと専ら踊りの美しさを見せるシーンの分離を「ぼかす」振付である。これは、二〇世紀に入ってロシアで生まれ世界に広がっていったバレエ創作の主流の一つ、ドラマ・バレエの手法を適用した古典の改変演出である。このような古典の改変の手法は、とりわけロシアで二〇世紀以降最良の方法とされてきた（第一二章参照）。バレエは筋の一貫したドラマティックなものであり、感情表現を踊りに盛り込むことが必須という考え方が、二〇世紀のロシア・バレエでは重要視されてきたため、プティパの、ドラマティックな感情表現よりも踊りのフォルムを重視するクラシック舞踊部分と、物語を進めるマイム部分が明確に分かれて見える振付法は、好まれなかったのである。したがって、ドラマ・バレエの手法での古典改変演出は、マイム、キャラクター・ダンス、クラシック舞踊の三要素の性格や役割を区別した原典版の意図が失われている。代わりに、舞台上の感情の流れが途切れることなく、芝居としての面白さは増していることが多い。

Ⅳ『白鳥の湖』

1　原典版の構成

さらにプティパのバレエの特徴を見るために、バレエの代名詞である『白鳥の湖』の原典版も取り上げたい。特に現在知られている版との違いに焦点をあて、プティパの古典作品の真の姿をより明確にする目的である。
『白鳥の湖』はチャイコフスキーの存命中の一八七七年、モスクワのボリショイ劇場でユリウス・レイジンゲル（一八二八〜九二）の演出振付により初演されたが、この版は上演が途絶えてしまった。現在世界で上演されている『白鳥の湖』の原典版は、チャイコフスキーの没後すぐの一八九五年にペテルブルグの帝室マリインスキー劇場で、プティパ主導で彼とイワーノフの共作により初演されたものである。チャイコフスキーは四幕仕立てでスコアを書いたが前述のように〝3〟にこだわったプティパは、スコアの第一幕と第二幕を第一幕第一場と第二場とし、スコアの第三幕を第二幕、第四幕を第三幕として三幕仕立ての構成にした。しかも、プティパの注文に沿って書かれた音楽でないために、彼の劇構成の意図に合わせて、チャイコフスキーのスコアの曲の入れ替え、削除、チャイコフスキーのピアノ曲の挿入などが、かなり行われている。

第一幕第一場は王子の成人式。宮廷や村の若者と踊り遊ぶ王子に、王妃（王はいない）はそろそろ身を固めるように言う。憂鬱になった王子は夜、友人と湖に狩りにゆく。第二場は湖の畔。そこに住む悪魔が娘たちを白鳥の姿に変えて幽閉し、彼女たちは夜だけ人間に戻る。娘たちの一人オデット姫が王子と出会い、二人はお互いに心を奪われる。オデットは悪魔に幽閉されていること、ほかの女性を愛したことがない男性が一生の愛を彼女に誓った時に呪いは解けることを話す。王子は翌日の城での花嫁選びの舞踏会に来てくれるように言う。悪魔がそれを聞いている。第二幕は城での王子の花嫁選びの舞踏会。花嫁候補や各国からの来客があり踊りを披露。その後悪魔が騎士に化け、オデットを幽閉し自分の娘オディールをオデットそっくりに化けさせてやって来て、オディールを王子と踊らせる。王子はオデットだと思い込み、オディールに愛を誓ってしまう。王子が騙され呪いは解けなくなったことに歓喜して、悪魔と娘は去ってゆく。王子はゆるしを乞いに湖へ走る。第三幕は、もはやこの世では結ばれないことに絶望しオデットが湖に身を投げると、王子も続いて身を投げる。二人の命を懸けた愛により、悪魔は滅び、天国でオデットと王子が結ばれる。現在世界で行われている演出振付には、第三幕で王子あるいは王子とオデットが悪魔と戦って悪魔を滅ぼし、二人はこの世で救われるものも多い。この結末は、二〇世紀ソ連で生まれたものである。

2　作品を左右するテンポ

プティパ／レフ・イワーノフ（一八三四〜一九〇一）原典版の復元上演は、二〇一六年二月にチューリッヒ・バレエ団、七月にミラノ・スカラ座バレエ団によって行われた（筆者はミラノにて観劇）。『白鳥の湖』原典版について、以前ヴィーハレフにインタビューした際に、「現在のものとあまりにもイメージが異なるので、どんな批判が出るかわからず、マリインスキー劇場にいられなくなるかもしれないので復元しない」と冗談まじりに語っていたが、ラトマンスキーがロシア国内で復元せず、「ロシアには各劇場に自分のバージョンがあるので……、もちろん、ロシア人に踊って欲しいけれど」と言葉を濁したのも、同様の理由であったように思われる。

そして、二〇一六年七月に原典版の復元をミラノで実際に見た筆者も、現在世界で上演されている『白鳥の湖』とのイメージの大きな違いに愕然としてしまった。

その異なるイメージを生んでいる原因は、まず、バレエの基盤となる音楽である。

一八九五年初演の原典版の音楽は、前述のように、このバレエの本当の初演である一八七七年モスクワ・ボリショイ劇場のレイジンゲル版のためにチャイコフスキーが書いたものとは異なっており、演出振付の総指揮を行ったプティパの依頼により、リッカルド・ドリゴ（一八四六〜一九三〇）が、スコアの省略、加筆、曲の並べ替えを行っている。現在世界で上演されている『白鳥の湖』もこの一八九五年版の音楽をもとにしており、代表格の演出であるマリインスキー劇場のコンスタンチン・セルゲーエフ（一九一〇〜九二）版は、全幕を通して、一八九五年版と曲順までほぼ一致している。にもかかわらず、音楽の印象は全く異なっていた。

その原因はテンポである。チャイコフスキーのスコアには各曲に速度の指示があるが、その指示には「アレグロ」が目立ち、歩く速さの「アンダンテ」より遅い指示は見当たらない。しかも、復元者のラトマンスキーによれば、「舞踊譜の記述に従って動くと、バレエの動きの論理的速度がおのずと生まれてきて、例えば、オデットのソロで現在一八〇度近くの高さで脚を横に上げているポーズは、本当は九〇度の高さの指定があり、そうすると、音楽は必然的に速くなる」ということだった。

現在の『白鳥の湖』は、全体として、広い可動域で十分に身体を伸ばしながら踊りでゆったりと語るドラマティックなバレエとなっているが、原典版は、比較的淡々と機敏な技で踊りの美しさをアピールする印象になっている。これは、初演の主役を踊ったイタリア人ピエリーナ・レニャーニ（一八六八〜一九三〇）が、高度な技術をもっていて急速な細かい動きが得意だったことにも大きな関係がある。レニャーニは、世界で初めて回転の妙技三二回連続のフェッテ・アントゥールナンを見せたバレリーナだった。

以前、マリインスキー劇場の首席指揮者でバレエの指揮の素晴らしさに定評のあった亡きヴィクトル・

フェドートフにインタビューしたとき、「チャイコフスキーのバレエのスコアには速度指定はなく、指揮者は踊り手の特質や本人の希望を生かして演奏の速度を踊り手ごとに変えてゆく」と語っていたが、二〇世紀以降とくにロシアでは、フェドートフのような考え方が広く行きわたっていた観がある。ラトマンスキーは、『白鳥の湖』の最もドラマティックな場面であるオデット姫と王子のデュエット「アダージョ」について、「現在のアダージョは、原典版の速度の一〇倍は遅い」と語っていた。ここには、現在の『白鳥の湖』の上演の仕方である、踊りで語るドラマの強調が表れている。ちなみに、『白鳥の湖』全幕の上演時間は、現在は二〇分ほどの二回の休憩を含めて、約三時間というものが多いが、ラトマンスキーの復元版は、ほぼ同じ休憩時間で二時間強しかかからない。

3　政治的な改変

周知のように、一八九五年版の『白鳥の湖』は、プティパ一人ではなく、助手のレフ・イワーノフとの共同で制作された。第一幕第一場の王子の成人式と第二場の王子の花嫁選びの舞踏会は主にプティパが担当し（ただし、ナポリの踊りはイワーノフ作とされている）、第一幕第二場の湖の畔でのオデット姫と王子の出会い及び、第三幕の湖の畔での結末はイワーノフが担当した。つまり、オデットと王子のデュエットを要とする、踊りでのドラマティックな語りの振付はイワーノフが担当し、音楽と融合した踊り自体の美しさを見せるシーンはプティパが担当と、それぞれの得意分野での分担が、『白鳥の湖』をバレエの代表と言われるまでに優れたものにしたのである。

プティパ原典版復元『白鳥の湖』(ミラノ・スカラ座バレエ)第一幕王子の成人式での農民のワルツ ©ミラノ・スカラ座バレエ

現在、原典版と世界の新演出で違いが小さいのは、イワーノフの振付とされる第一幕第二場である(チャイコフスキーのスコアでは第二幕)。ソ連時代ロシア・バレエ界の人々が口をそろえて語ってきたのが、「イワーノフの白鳥のシーンはチャイコフスキーの音楽を見事に表現した傑作であるため、改作を試みても改悪になるためだれも手を付けられない。しかしプティパの担当した部分は改訂の余地がある」という意見だった。『白鳥の湖』を生んだロシア・バレエ界の意見は当然ながら世界に影響を及ぼすため、前述のような世界の新演出の状況となっているが、ソ連時代のこの意見には、実は当局の思惑がかなり働いていたのである。つまり、「フランス人プティパよりもロシア人イワーノフの創作を高く評価するように」という思惑が。一九三〇年代にマリインスキー(キーロフ)劇場の首席バレエマスターだったロプホーフが著書『舞踊の真実』のなかで書いているが、『白鳥の湖』の演出の際、劇場幹部から、イワーノフの部分はそのまま残し、プティパの部分を変えるようにと言われた。私は、プティパの部分を変えたことを隠していた。後にマールイ劇場で『白鳥の湖』の原典版を上演できた時、私は心の痛みを払拭することができた」。（一〇四頁）

こうして変えられてきたプティパの振付が本当はいかに優れているかを証明したのが、舞踊譜をもとにした一連のプティパ作品の復元であり、ことに第一幕第一場の王子の成人式のシーンは復元版の優越が際立っている。

4　コール・ドゥ・バレエ（群舞）の特長

プティパの振付でまず驚嘆させられるのが、コール・ドゥ・バレエの比類ない美しさである。原典版復元演出での『海賊』の「生ける花園」、『眠れる森の美女』のプロローグの妖精たちの群舞や第一幕「農民のワルツ」、『バヤデルカ』の「影の王国」、そして『白鳥の湖』の第一幕の「農民のワルツ」等々で、プティパは、いずれも三二人の群舞にソリストを加えた大人数を使って、多数の図を描いて案を練り（九四、九五頁参照）、美しいフォーメーションが連続する造形芸術を創り上げた。『白鳥の湖』では、三二人の農民が、小さな椅子をかかえて踊りながら椅子に上り降りしたり、突然立てられるメイポールの太いリボンをつかんでグラン・ジュテ（前後に開脚する大きなジャンプ）で移動しながらリボンを編み上げたりと、二次元的三次元的に変化する優美なフォーメーションを、刻々と描いてゆく。復元を行っているヴィーハレフもラトマンスキーもブルラーカも、そして日本でのロシア・バレエ研究者としてロシアのブノア賞を受賞した亡き薄井憲二氏も、そして筆者も、プティパの群舞の創作能力に比肩する振付家はいないと考えている。

　ではなぜ、このように優れたプティパの群舞が残されなかったか。「二〇世紀後半にマリインスキー劇場で大きな力を持っていた主席バレエマスターであり主役級ダンサーであったコンスタンチン・セルゲーエフと妻であるプリマ・バレリーナのナターリヤ・ドゥジンスカヤ（一九一二～二〇〇三）が、自分たち主役を際立たせることを第一に考え、群舞のシーンをおろそかにする演出をした」と、彼らと同時期にマリインスキー劇場で踊っていたヴィーハレフは語っている。確かにそれもプティパの群舞の振付が消えた大きな要因であったことは否めないが、同時に、とくに一九三〇年代からロシア・バレエの創作で主流になるドラマ・バレエの手法が、前述したように古典作品の新演出にも適用されたことも要因になっていると思われる。踊りの動きで台詞のように語ってストーリーを伝えてゆくドラマ・バレエは、プティパの群舞とソリストのアンサンブルのように、心情吐露をせずに天上の音楽かのように美しい、動く造形の数々を創り出す長大な舞踊のみのシーンよりも、物語を途切らせずに進める踊りを重要視したのだろう。

5　プティパの筋は論理的

　プティパの振付では、前述したように、筋を進めるのはマイムであり、踊りは思いを語ることが少ないため、「踊りを見せることが重要で筋の論理的な展開は軽んじられている。バレエは美しい踊りを見せるものであるから、それが許されている」と多くの人に考えられてきた。しかし、原典版の復元によって、そのような「バレエゆえの筋の矛盾」はプティパが創り出したのではなく、マイムを省略した二〇世紀以降

図1　現在のオデット（ボリショイ・バレエ、スヴェトラーナ・ザハロワ）／Getty Images

の人々が作り出したことがわかる。

『白鳥の湖』の例では、悪魔の呪いで白鳥に姿を変えられ夜だけ人間に戻るオデット姫と王子が出会うのは、姫が人間の姿でいるはずの夜であるのに、図1のようになぜ白鳥の羽をつけ鳥の羽ばたきをするのかという疑問がしばしば語られるが、プティパの案でイワーノフが振り付けた原典版では、図2のように頭に羽もつけず鳥の羽ばたきの腕の動きもほとんど用いられない。昼間は白鳥の姿になることをほのめかすために、衣裳に羽飾りがつけられているだけである。ラトマンスキーによれば、「頭の羽はいつから現れたかはっきりはわからないが、様々な写真から判断すると二〇世紀初頭のオデット役ヴェーラ・トレフィーロワ（一八七五〜一九四三）あたりからだろう。羽ばたきの腕の動きは、一九三〇年代のアグリッピーナ・ワガーノワ（一八七九〜一九五一）の演出振付からと考える」という。

また、悪魔の娘オディールは、現在図3のように黒鳥として舞踏会に登場し、人間か鳥か不明確な存在になっているが、プティパ版では、図4のように黒味がかったドレスを着た謎の貴婦人として登場するのである。オディールが鳥になったのは、絵や写真の調査から、おそらく図5のゴールスキーの一九二〇年の演出からだろう。

このように、プティパの作品では、むしろ現在よりもリアルな表現で論理的に筋が展開されているのである。その論理的展開を突き崩していったのが、一つには、前述したように、説明のマイムを排除したドラマ・バレエの手法の適用である。説明のためのマイムにはダンスがもつ美しい身体表現の力が少ないため、二〇世紀以降バレエの動きのボキャブラリーを豊富にすることでマイムが排除されていったのは理にかなったことに思われる。だが、一九世紀のバレエ・ボキャブラリーのみの古典作品においては、二〇世紀以降、マイムを排除することで、「バレエゆえに許される」と観客が考えてしまう非論理的な筋の流れが出来上がってしまった。

　さらに、プティパの作品の筋の論理的

図2　プティパ原典版復元のオデット ©ミラノ・スカラ座バレエ

図3　現在のオディール(ボリショイ・バレエ) ©Hidemi Seto(写真提供:ジャパン・アーツ)

図4　1895年初演版『白鳥の湖』オディールのコスチューム（デザイン：E. ポノマリョーフ）

図5　ゴールスキー版『白鳥の湖』（1920）のオディール

一貫性を破壊したのが、ソ連時代の当局の意向である。プティパのとくに後期の作品では、『眠れる森の美女』で前述したように、皇帝を賛美する古典主義的な作品を創作し、王＝神によってカオスから調和の世界がもたらされるテーマを表現したことから、神や王への敬意、賛美が含まれており、このような部分が削除、改変されてしまった。そのために、物語の流れが非論理的になっている部分がある。二〇世紀以降の振付家たちは、プティパの作品の筋の流れの非論理性を非難し、それを口実に自分の新しい改変を加えてきたが、それらは本当はプティパの作品への理不尽な攻撃だったのである。

V 最後の傑作『ライモンダ』

1 グラズノーフのバレエ参入

次に、プティパの最後の大作『ライモンダ』を取り上げて、プティパが最後にたどり着いた境地を見定めたい。

『ライモンダ』はヒロインの名前で、中世のヨーロッパの城が舞台。伯母の城に住むライモンダと婚約しているジャン・ド・ブリエンは、ハンガリー王に付き従って十字軍の遠征に出かける。その帰還の知らせがあり結婚の準備をしている時に、サラセンの騎士アブデラフマンが、様々な民族の従者たちを大勢引き連れて城にやって来る。騎士はライモンダに心を奪われ連れ去ろうとする。城にやって着たド・ブリエンは、ハンガリー王の命令でアブデラフマンと決闘し勝利する。最後は、ライモンダとド・ブリエンの盛大な結婚式で締めくくられる。

一八九八年初めにペテルブルグの帝室マリインスキー劇場で初演されたこのバレエは、巨匠振付家マリウス・プティパの白鳥の歌と言われ、一九世紀のバレエ美学が最後の開花を見せた作品である。一八九〇年にチャイコフスキーとの共同制作により傑作『眠れる森の美女』を発表し、「クラシック・バレエ」のジャンルを確立したプティパは、チャイコフスキー亡き後、今度はアレクサンドル・グラズノーフ（一八六五

〜一九三六）の音楽の協力を得て、最後の名作を生み出したのだった。

グラズノーフは三つのバレエ曲を書いているが（『ライモンダ』『ダミスの試練（お嬢さん＝女中）』『四季』（一九〇〇年初演））、代表作が第一作の『ライモンダ』である。『ライモンダ』を書くまでにすでに五本の交響曲を書いて円熟期に入っていたグラズノーフは、当時交響曲作曲家として名を馳せていた。そのグラズノーフがバレエ音楽に着手したとき、ロシアの音楽界にもバレエ界にも「何故」という声が飛び交った。当時まだ、バレエ音楽の作曲家は二流という固定観念から抜け出ていなかったロシアの音楽界の人々から見れば、リムスキー＝コルサコフなどの「五人組」作曲家を引き継ぐ作曲家として力を認められていたグラズノーフが、バレエ音楽などに取り組むことは意外だった。一方バレエ界の方では、チャイコフスキーのすばらしいバレエ曲を得た後で、バレエとは縁のなかったグラズノーフが、チャイコフスキーに代わる作曲家として巨匠プティパの作品に値するバレエ音楽を創作できるのかどうかを訝った。実際、かつてチャイコフスキーに『眠れる森の美女』の作曲を依頼し、今回グラズノーフに『ライモンダ』を依頼した帝室劇場支配人のフセヴォロシスキーは、無類のフランス好きで、チャイコフスキー以外のロシアの作曲家を見下し、グラズノーフへの態度も同様であった。だが、彼の『戴冠式カンタータ』（一八九五）を皇帝が非常に気に入ったことから、皇帝を喜ばせるバレエを制作していた当時の帝室劇場の目的達成のために、グラズノーフを利用したのだった。

2　プティパとグラズノーフの共同制作

しかし、このような周囲の偏見にもかかわらず、プティパとグラズノーフは実り多き共同制作を行い、グラズノーフの音楽は、一般的な評価は別として、おそらくプティパにとっては、チャイコフスキー以上に自分の理想に近いインスピレーションの泉となった。というのは、プティパはチャイコフスキーにもグラズノーフにも、たとえば「グラン・アダージョ、四八小節、優しい音楽で」というような個々の踊りの細々とした注文を出したが、チャイコフスキーがプティパの要求を受け入れながらも自分のコンセプトを優先させて、情感あふれる舞踊劇を作り上げたのに対して、プティパの孫のような年齢のグラズノーフは、プティパの個々の要求にきちんと従いながら優れた感性を駆使し、ライトモチーフで登場人物の描写を行うという手法で、美しい小品を連ねたバレエ組曲を創作したからである。それによってグラズノーフの『ライモンダ』は、チャイコフスキーの音楽ほどにドラマ性を重視する必要のない、しかしチャイコフスキー以前の〝職人作曲家〟の伴奏音楽とは質の異なる、内容的に連続性のある珠玉の小品を羅列したディヴェルティスマンのような性格を帯びることになった。

プティパはチャイコフスキーのバレエ音楽で、舞踊部分では専ら動きのフォルムの美しさを見せ、マイムで物語を進めながら舞踊劇を作り、それがプティパ特有の演出法のように言われてきた。しかし、『ライモンダ』の音楽が、自分の核となるものだけを率直に語ることのできる年齢や立場だったプティパの要求に従った構成であることを考えると、プティパ特有と言われてきた演出法はチャイコフスキーの音楽がドラマを要求した結果であったと考える方が正しいだろう。舞踊で劇の内容を伝えるよりも、インスピレーションをかきたててくれる音楽によって多彩な美しい舞踊シーンを作り上げた『ライモンダ』の方が、プティパの本来望んだ創作法であったにちがいない。あるいは、プティパはグラズノーフの音楽を得ることで（そして二人が、パシコーワ作の矛盾に満ちた台本に忠実であることをやめることで）、マイムの助けを借りながら物語を伝えていた一九世紀の演劇的なバレエから、脱皮し始めていたと言うこともできるだろう。ここまで来ると、プティパの舞踊シーンのみを抽出することから着想された、ロプホーフ及びバランシンの一九二〇年代以降の、音楽をダンスで視覚化するシンフォニック・バレエ（第一二章参照）までの距離は、かなり近い。

さて、プティパとグラズノーフの共同制作は、二人の好みがうまく一致していたことから、さらにもう一つ重要な成果を残すことになった。プティパは一つの作品の中に、透明感のある天上の音楽のようなクラシック舞踊と、地上的なエネルギーあふれる色彩豊かなキャラクター・ダンスの両方を置くことを好んでおり、『ライモンダ』でも、音楽の所々に東洋、ハンガリー、スペインなどの色彩を入れることを要求した。その要求が、グラズノーフの興味とぴったり一致したのである。グラズノーフは一三歳のときにすでに『ハンガリアン・ダンス』を作曲し、フランツ・リストに会ってからは、ハンガリー音楽にきわめて高い関心を持っていた。一方スペインに関しては、音楽の研究のためにスペインに出かけ、様々な民謡を収集してきていた。そして東洋の音楽は、『シェエラザード』を書いたリムスキー＝コルサコフが彼の師であることを述べるまでもなく、

初演ライモンダ役ピエリーナ・レニャーニ

当時のロシアの作曲家たちを夢中にさせていたものだった。こうして、興味の一致からグラズノーフはプティパとの仕事を熱を入れて行い、制作中、毎日劇場に通い詰めてプティパを助けたのだった。

このような密な共同制作から二人が生み出したのは、クラシック舞踊とキャラクター・ダンスの絶妙な融合だった。この融合は、ミンクス作曲の『ドン・キホーテ』などでも指摘されるが、『ライモンダ』ほどに、音楽、振付ともにクラシックとキャラクターが全体的統一感をもって融合しているバレエ作品は、類例がない。十字軍の遠征に出発する婚約者ジャン・ド・ブリエンを見送るライモンダたちと、サラセンの騎士がライモンダに心を奪われるという彼女の予知夢が語られる第一幕では、クラシック舞踊が主流となり、歴史的舞踊にもクラシック舞踊が挿入されている。一方、サラセンの騎士アブデラフマンとその一行が登場する第二幕では、スペインや東洋のキャラクター・ダンスが主のシーンの中に、全

L. ランビンによる初演舞台美術

く違和感なく、ライモンダたちのクラシック舞踊が織り込まれているのである。そして、第三幕のハンガリー王が執り行なうライモンダとド・ブリエンの結婚式に至っては、プティパの作品でクラシック舞踊が受け持つ舞踊の最大の見せ場グラン・パ・ド・ドゥで、クラシック舞踊のパ（ステップ）に、ハンガリー風の色合いが見事に溶かし込まれている。振付だけでなく、音楽の基盤にまでこれらの魅力的融合がはっきりと聴き取れるのは、画期的なことである。

こうして『ライモンダ』の初演は、ロシア芸術界の危惧をよそに大成功を収めることになった。とくに人々を驚かせたのは、グラズノーフの初めてのバレエ音楽だった（巨匠プティパの力を知らぬ者はもはやいなかった）。グラズノーフは『ライモンダ』によって、チャイコフスキーに続いてバレエ音楽のステイタスを引き上げ、バレエ音楽が単なる「職人作曲家」の仕事であるべきではないことを証明したのである。

『ライモンダ』第三幕（ボリショイ・バレエ、ニーナ・アナニアシヴィリ）

3　二〇世紀を先取った男性舞踊手の活躍

『ライモンダ』の初演は、一八九三年からロシアで客演していたイタリア人バレリーナ、ピエリーナ・レニャーニのためのベネフィス（祝儀興行）として行われ、当時のベストメンバーが出演した。ライモンダの友人をO・プレオブラジェンスカヤとK・クリチェフスカヤ、夢の場のソリストをV・トレフィーロワとE・ゲリツェル、第二幕のスペイン舞踊をM・プティパ等々。そして、これらの女性舞踊手の名演以上に際立ったのが、男性舞踊手の活躍だった。サラセンの騎士アブデラフマンを踊ったP・ゲルトは、プティパの作品のほぼ全てで主演していたが、中でもこの役は最も優れた創造と称賛され、ジャン・ド・ブリエン役の若手S・レガートは高貴な物腰が評価された。そして、男性舞踊手の踊りで、一九世紀後半には稀なほど人気を博したのが、第三幕の若手四人、S・レガート、N・レガート、アレクサンドル・ゴールスキー、G・キャクシトの踊りだった。彼らは観客の鳴り止まぬアンコールの声に応えて、もう一度ヴァリエーションを踊ったのである。二〇世紀初頭のニジンスキーに始まる男性舞踊手の活躍の時代は、すでに『ライモンダ』で用意されつつあった。

VI　一九世紀バレエの体現者

一九世紀バレエの流れそのものと言っても過言ではないプティパの創作の推移は、ロシアでの創作前期の名作『バヤデルカ』（一八七七）、後期の傑作『眠れる森の美女』（一八九〇）、『白鳥の湖』（一八九五）、そして最後の大作『ライモンダ』（一八九八）を比較すると明確になってくる。『バヤデルカ』では、一九世紀前半に全盛時代を迎えたロマン主義バレエの傾向が残っており、長いマイムのみのシーンや、マイムと踊りが融合したドラマティックな感情吐露の踊りが、語りではなくフォルムのみを見せる舞踊シーンと同程度に含まれている。音楽は、チャイコフスキーほどに作品をリードしてはいない。そして、男性舞踊手の踊りの見せ場は非常に少ない。次に、『眠れる森の美女』と『白鳥の湖』のプティパの担当部分では、ロマン主義バレエのようなドラマティックな感情吐露はないが、チャイコフスキーの音楽を視覚的イメージに変換しながら（『白鳥の湖』の場合作曲家が音楽で描いたものとプティパが描いたものが一致しない部分もあるが、違和感は生じていない）、舞踊場面では物語をほとんど進行させずに主にフォルムの美しさを見せる一方、マイムによって説明を加えつつ、物語や感情、思想が語られる舞踊劇が創造されている。男性舞踊手の見せ場はやはり少ない。そして『ライモンダ』では、チャイコフスキーほどの情感やドラマ性は少ないが豊かなイメージをはらんだグラズノーフの美しい音楽と手を携えて、主に身体で物語ることよりも身体表現の可能性を最大限に追求する、音楽を奏でる身体の舞台を作り上げているのである。また、前三作品には見られないクラシック舞踊とキャラクター・ダンスの融合では、クラシック舞踊のボキャブラリーが広がっており、その意味では、モダン・バレエのボキャブラリーの萌芽と言うこともできるだろう。加えて、男性舞踊手たちの活躍が際立っていることも特筆に値する。プティパの「白鳥の歌」『ライモンダ』のこのような特徴は全て、二〇世紀、バレエの様々な新ジャンルを確立させるための重要な要素となるものだった。

最後に、プティパのほかの主要作品について、簡単に解説しておきたい。

◆『パキータ』

初演は一八四六年。パリ・オペラ座でマジリエの演出振付、デルデヴェスの音楽によるもので、ナポレオン占領下のスペインを舞台としたジプシー娘パキータとフランスの将校の愛の物語。しかし現在世界で踊られている『パキータ』のほとんどは、一八八一年に帝室マリインスキー劇場でプティパがこのバレエに付け加えた壮麗な舞踊シーン「グラン・パ」だけを取り出したもの（近年、パリ・オペラ座をはじめ若干数のバレエ団が、物語バレエとしての『パキータ』上演の試みを行った）。このシーンの音楽は、ミンクスに新たに依頼された。

「グラン・パ」は、コール・ドゥ・バレエ、そのリーダーであるコリフェたち、第一舞踊手たち、プリマ・バレリーナが、バレエ団でのその階位を保って次々と登場して、群舞やソロ等々を踊る。それは、一九世紀のロシア宮廷のセレモニーを思わせるもので、豪華でエレガントな美しさにあふれ、加えて初演版のスペインのエキゾティックな香りをうっすらと漂わせている。

プティパならではの、美的センスの高い繊細で高度な踊りが満喫できる逸品である。

◆『海賊』

初演は一八五六年、パリ・オペラ座。マジリエの演出振付、アダンの音楽により誕生した。原作はバイロンの物語詩『海賊』だが、人物名以外は詩の内容とは異なる。一八六〇年代以降『海賊』は西欧での上演が途絶え、二〇世紀末まで全幕作品は上演されないが、ロシアでは、ジュール・ペローが、ペテルブルグで一八五八年に演出を行うことにより、その後も踊り継がれていくことになる。この版で、ロシアで活動を始めたプティパが、海賊の首領コンラッド役を踊り、プーニとオルデンブルク公爵の音楽を新たに加えて、それに自身で奴隷の踊りを振り付けた。

プティパはその後何度か『海賊』の改変を試みるが大きな改変は六八年版。ドリーブの音楽を加え、現在大きな見せ場となっている女性の優美な群舞「生ける花園」を挿入した。

九九年にプティパは、高いスキルをもつレニャーニのために、ドリゴの音楽を加えて新しいパ・ド・ドゥを挿入した。現在ガラなどで頻繁に踊られる人気演目であるが、奴隷アリの有名なソロは、二〇世紀初頭に振り付けられたものである。このパ・ド・ドゥは、男性の踊りがプティパの振付ではなく、舞踊譜に記載されていない。バレエ研究者故薄井憲二氏によると、プティパの死後、一九一五年か一六年に、サムイル・アンドリアノフが振り付けたものであるという。他方ロシアでは、名舞踊手アレクサンドル・チェクルィギンとワフタング・チャプキアーニが一九三〇年代に自分で踊る際に妙技の連続を加え、現在の見どころ満載の踊りに出来上がったと言われることが多かった。いずれにしても、一九世紀までは、全幕でメドーラの相手役を踊るのはシャツやベストを身に着けた海賊の首領コンラッドであって、現在のような上半身裸で美しい筋肉でも魅了しながら妙技を見せる海賊の奴隷アリではない。原典版の舞踊譜には、コンラッドの踊りの記載もアリの踊りの記載もないのである。

◆『ドン・キホーテ』

バレエの『ドン・キホーテ』は、セルバンテスの同名の小説の一つのエピソードを基にした陽気でユーモラスなバレエで、理想の美女ドルシネア姫を追い求めるドン・キホーテは、傍観者として登場する。主役は、ドン・キホーテがドルシネア姫と思いこむ宿屋の娘キトリと、彼女の恋人である床屋のバジル。

レオン・ミンクスの音楽、プティパの演出振付により一八六九年にモスクワのボリショイ劇場で初演。その後一九〇〇年にアレクサンドル・ゴールスキーが大幅に手を加えて同劇場で上演したものが、今日のこの作品の原典版になっている。プティパの作品の大半は、マイムで物語を説明し、踊りは究極の美しさや高いスキルを見せるためのものとして機能しているが、次世代のゴールスキーは、巨匠プティパにはない新しさを求めようとし、『ドン・キホーテ』の新演出で、マイムと踊りの間の断絶を埋め、一貫した流れをもつ舞踊ドラマを作ろうとした。ただし、三二回転のグラン・フェッテや男性の胸のすくジャンプなど、鮮やかな技満載の第三幕の結婚式は、プティパの振付とそれをもとに二〇世紀以降に技を発展させたものの混合である。

◆『ジゼル』

このバレエは、ドイツのロマン主義詩人ハイネの『ドイツ論』に書かれていたウィリ(精霊)伝説——結婚を目前にして亡くなった娘たちの霊ウィリが、夜ごと墓場から現れ、男を見つけると取り囲んで死ぬまで踊らせる——をモチーフに、ジュール・ペローとジャン・コラーリの演出振付により、ロマン主義バレエの全盛期の一八四一年にパリ・オペラ座で初演された。しかし、現在世界で上演されている『ジゼル』は、一九世紀後半に、ロシアのマリインスキー劇場でプティパがかなり手を加えたもの。ロマン主義バレエの衰退とともに、一九世紀半ばに『ジゼル』の人気は失われていくが、プティパが一八八四~八七年と八九年に何度も手を加え、ウィリの群舞を美しい整然とした図形で描き、独舞の振りを高度で洗練されたものにすることにより、今日の不朽の名作が出来上がった。とくに、プティパの新演出でアンナ・パーヴロワがジゼル役を踊ったときに、ドラマ性が格段に深められ、踊りの透明感や哀愁が増し、このバレエが、今日につながる新たな生命を得たと言われている。

二〇一九年一一月に、ラトマンスキーがプティパの一八九九年版の舞踊譜とジュスタマンのパリ・オペラ座の一八四〇年代の記録を使って、その混合の演出振付をモスクワのボリショイ劇場で行った。

◆『くるみ割り人形』

チャイコフスキーの三作目のバレエ。作曲家の死の前年、一八九二年帝室マリインスキー劇場初演。演出振付はプティパが担当予定だったが、体調不良のため台本と踊りの構成のみを担当し（作曲家の弟のモデストが大部分を書いたという説も有）、振付は助手のレフ・イワーノフに委ねた。初演版は間もなく消失し、舞踊譜の記録もごく一部しかないため、現在はバレエ団ごとに様々な演出振付が行われている。

台本の原作は、ホフマンの幻想怪奇小説をデュマ父（父子共作の説も有）が子供向けの優しい物語に書き換えたものだが、作曲家は自叙伝として音楽を書いたと言われており、台本と音楽には部分的にギャップがある。とくに問題になるのが、祝祭的な大団円となるべき第二幕最後の金平糖の精のパ・ド・ドゥ。この曲を創作中に妹が亡くなったためか亡き母への思いか、ここには悲しみの叫びが込められてしまった。

その解決法として、ロシアでは主人公を思春期の少女に設定。くるみ割りの王子と困難を克服して、二人に愛が芽生えるという展開にし、音楽に含まれている深い感情に少しでも近いものを表現しようとしてきた。

しかしいずれにしても、チャイコフスキー晩年の美しい音楽と、子供時代のクリスマスの楽しい思い出を描き最後に夢が覚めてしまうこの物語は、郷愁に満ち、創り手にも観客にも愛され続けている。

第六章

革新の前ぶれ——アレクサンドル・ゴールスキー

一九世紀後半、ロマン主義バレエの衰退とともにヨーロッパではバレエ芸術が衰退し、その発展の主導権はロシアに移っていった。ロシア・バレエはその時期、フランス人マリウス・プティパがサンクト・ペテルブルグの帝室マリインスキー劇場で、『眠れる森の美女』等々の名作を発表することにより黄金時代を迎えたのだった（第五章参照）。

ところが、二〇世紀に入り社会情勢や芸術傾向が変化してくると、崇拝されてきたプティパの創作法に従い続けることに反発を覚える振付家が現れてきた。その先陣を切ったのが、帝室マリインスキー劇場でプティパのもとで働き、一九〇二年からモスクワのボリショイ劇場でバレエマスターとして独自の活動を始めたロシア人アレクサンドル・ゴールスキー（一八七一〜一九二四）である。ゴールスキーと、その数年後にペテルブルグで革新的なバレエの創造に着手したミハイル・フォーキンの活動（第七、八章参照）を皮切りに、ロシア・バレエは、内容的にも構造的にもプティパの作品とは大きく異なるバレエの創造の道へと踏み出してゆく。

これまでは、二〇世紀の最初のバレエ革新者といえばフォーキンの名ばかりが挙げられ、ゴールスキーに関しては、そのような位置付けが明確になされていなかった。しかしゴールスキーは、意味を伝えるマイムと、フォルムをアピールする舞踊場面の二本立てから成っていたプティパの創作法を初めて根底から突き崩し、モスクワ芸術座のリアリズム演劇の手法を取り入れて、身体表現全てに意味がある舞踊によって物語を一貫した流れで叙述する新しい試みを行ったのである。それは、舞踊の質そのものの大きな変化

アレクサンドル・ゴールスキー

となったのであった。

I　忘れられた先行者

ゴールスキーはこのように、一九世紀後半のバレエのスタイルを決定したプティパ以後、新たなバレエの創造に踏み出した最初の振付家だったにもかかわらず、とくにロシア国外では現在でも革新的振付家とみなされておらず、国内でも、ソ連時代はその認識は十分ではなかった。それは、彼に関する資料の発掘が不十分であったため、当時は革新的と評価されたとはいえ現在は古典作品の一つと考えられている『ドン・キホーテ』以外に、上演内容が知られた作品があまりなかったことに原因がある。幸い、このような状況を打開するために、二〇〇〇年に初めて、ゴールスキーに関する多数の資料を収集した文献がロシアで出版された。

この章では、これらの資料などをもとに、ロシア革命前にプティパへの反逆を試みた作品と、革命後にリアリズム演劇の手法により行った古典作品の改変演出という、ゴールスキーの創作の主要な二本柱を取り上げ、二〇世紀のバレエ演出の先陣を切ったゴールスキーの創造活動の意義、後世のバレエに与えた影響を考察してみたい。

二〇〇〇年に初めて出版されたゴールスキーに関する研究書の内容は以下のようなものである。舞台写真、ゴールスキー自筆のステパーノフ式の舞踊譜（ウラジーミル・ステパーノフ（一八六六〜九六）が考案し出版した舞踊の記録法。プティパの作品の大部分がステパーノフ式の舞踊譜によって記録されている）、衣裳のスケッチ、ゴールスキー自身の撮影による写真（ゴールスキーはロシアで最初にバレエを写真で記録しようと試みた人物の一人である）などの図版を含め三七〇ページのこの資料は、一次資料の提供を目的としている。まず、ゴールスキー自身の手になるものとして、書簡、書類、報告、ボリショイ劇場の団員に向けてのメッセージ、活字にされているインタビュー、自身の書いた台本（舞台化が実現しなかったものも含む）、ゴールスキーの創作の核となっている作品『ギュデュールの娘』と『サランボー』の演出プランなどが掲載されている。さらに、ゴールスキーについての客観的評価として、彼の同時代人――共に仕事をした芸術家や友人の、すでに活字になっている回想や、それらの人々に本書の編者がかつて行ったインタビューの録音をおこしたものなどが加えられている。現代の研究者によるものは、編者の一人エリザヴェータ・スーリツの論文『ゴールスキーとモスクワ・バレエ』が掲載されているのみである。

II　モスクワでの活動開始

ロシア派バレエというスタイルの特徴づけがあるが、この派の二大流派であるペテルブルグ派とモスクワ派の特徴は、近年まで大きく異なっていた。しばしば語られるように、ペテルブルグ派が伝統と洗練された舞踊フォルムの美しさを重んじ、また、伝統を保存継承すると同時に、国内外の新潮流を柔軟に取り入れてきたのに対し、モスクワ派は、伝統を現代に合致するように変形させつつ継承し、フォルムの美しさよりもスケールの大きな動きと迫真の演技、情熱的な表現を重んじ、また、「ロシア的なるもの」を強調してきた。それは、ある程度両都市の性格の違いの現れでもあるが、バレエでとくにこのような特徴の違いが顕著になるのは、二〇世紀初め、ゴールスキーがモスクワで活動を始めてからである。

ゴールスキーはモスクワ派バレエの方向性を決定したと言われているが、出身はペテルブルグで、現在のワガーノワ・バレエ・アカデミーである帝室舞台芸術学校で学び、一八八九年から帝室マリインスキー劇場でダンサーとして一〇年間働いた。一八九六年からは帝室舞台芸術学校で教鞭を執りながら創作活動も開始した。当時バレエはモスクワよりもペテルブルグの方がかなり水準が高く、ゴールスキーが最初はペテルブルグ派であった、と言うよりは、ペテルブルグで学んだバレエ界のエリートであったと言った方が適切だろう。

進取の気性に富むゴールスキーは、舞台芸術学校でステパーノフ式の舞踊譜の授業も行なっており、学校での振付の際、舞踊譜で振りを覚えさせられた生徒もいた。これは、コンテンポラリー・ダンスの鬼才振付家ウィリアム・フォーサイス（一九四九〜）が、二〇世紀末に旺盛な創作活動をしていた頃、作品を多面的に記録したCD-ROMを用いてダンサーに自習させたのと同じ発想であり、ゴールスキーの試みは当時としてはかなり斬新だった。

そして、一八九八年一二月、ゴールスキー自身も舞踊譜を使って、プティパの最高傑作『眠れる森の美女』

（初演一八九〇年）をボリショイ劇場の舞台で上演する機会を得たが、このとき、彼には大きな転機が訪れることになった。この上演とそれに続く一八九九年のプティパ版『ライモンダ』（初演一八九八年）の上演で力を認められたゴールスキーは、当時のボリショイ劇場の首席バレエマスターであったイワン・フリュースチン（一八六二〜一九四二）と共にバレエマスターを務めることになり、彼の代表作であり二〇世紀最初の革新的バレエ『ドン・キホーテ』（初演一九〇〇年）の演出に着手するのである。こうしてモスクワでは、ゴールスキーのモスクワ移籍を契機として、当時ロシア・バレエ界をリードしていたペテルブルグの帝室マリインスキー劇場で発表されたプティパの作品の受容と、それに対する反逆がほぼ同時期に起こることになった。

III　プティパへの反逆──『ドン・キホーテ』ほか

一九世紀後半のロシアでは、文学、美術、演劇、オペラなど多くのジャンルで、リアリズムの手法で社会を反映する傾向が主流となった。他方でロマン主義的な夢幻的世界を描き、一時社会から孤立することになったプティパの創作に代表されるバレエは、その後チャイコフスキーなどの交響楽的なバレエ音楽によって、普遍化された抽象的イメージの優れた表現を生み成功したが、それは主にペテルブルグにおいてである。モスクワの方では、リアリズム演劇の祖とも言えるモスクワ芸術座が一八九八年に開場したことからもうかがわれるように、人物のリアルな性格描写によるドラマティックな作品の方が好まれた。ペテ

1900年版『ドン・キホーテ』キトリ役リュボーフィ・ロスラーヴレワ(中央)

ルブルグからモスクワに来て、観客としてモスクワ芸術座の舞台に刺激されたゴールスキーは、そのリアリズムの手法を取り入れて、新時代に相応しいバレエの創造に着手したのだった。

『ドン・キホーテ』でゴールスキーは、各シーンが一貫して進んで行き、かつ、踊りとマイムすべてが登場人物の心理を表現するバレエを演出しようとした。『ドン・キホーテ』の場合、初演のプティパ版の音楽と台本を使わざるをえなかったため、ドラマとしてのバレエの完全な一貫性は得られず、クラシック舞踊の美しいフォルムを見せる目的の最後の結婚式の幕などは、ほぼそのまま残された。しかし、第一幕、第二幕では、プティパの舞踊シーンの大きな見せ場であるパ・ド・ドゥの形式が解体され、マイムと妙技が混合されながら、物語が途切れずに流れてゆく。心理表現に関しては、どんな端役にも各々の行動と場所を与える演出を行なっており、それによって、群衆のシーンが活気づいた。また、第一幕で地面に突き立てられた何本ものナイフの間を踊る「街の踊り子」のシーンがゴールスキー版で初めて登場したが、それは単に踊りを見せるためではなく、この危険と隣り合わせの緊迫感あふれる情熱的な踊りを見ることで広場の群衆が興奮しさらに沸き立つようにするという、群衆シーンを演出するためであった。プティパの古典バレエの〝規則〟であった群舞の対称形の配置をやめて非対称形や乱雑な配置を作ったことも、ゴールスキー版『ドン・キホーテ』の新しさとして必ず指摘される点だが、それも、各舞踊手に個性を与えずに全体として一つの抽象的概念を表現するプティパの群舞に対して、個々のグループ、あるいは個々人に独自の表現を与えるためであったと考えられる。またこの演出では初めて、当時のロシア美術界をリードしていた画家アレクサンドル・ゴロヴィーン（一八六三〜一九三〇）とコンスタンチン・コローヴィン（一八六一〜一九三九）が美術を担当し、その舞台美術の斬新さがバレエ革新の大きな要素となった。彼らがバレエ史上はじめて、物語の単なる場所ではなく、

1900年版『ドン・キホーテ』エスパーダ役ミハイル・モルドキン

1900年版『ドン・キホーテ』メルセデス役（居酒屋のシーン）ソフィヤ・フョードロワ（中央）

その場を支配する気分を美術に盛り込んだことで、ゴールスキーもそれを強調する新たな踊りを加え（たとえば穴蔵のような謎めいた居酒屋のシーンには、その場所に漂うムードを強調する物憂げな二人のダンサーの踊りと、それに続く、テーブル上での悲しみのスペイン舞踊が加えられた）、シーンの色合いが明確になった。このような、美術が演出をリードする制作は、モスクワの私立マモントフ・オペラ劇場で、ミハイル・ヴルーベリ（一八五六～一九一〇）やコローヴィン等々のマモントフ・サークルと呼ばれる画家たちの参加により始められた試みだった。それらが好評を博したため、帝室劇場でも行なわれるようになったのであった。この制作の方法こそが、後に西欧でセンセーションを巻き起こすことになるバレエ・リュスの総合芸術のコンセプトにつながっていったのである。

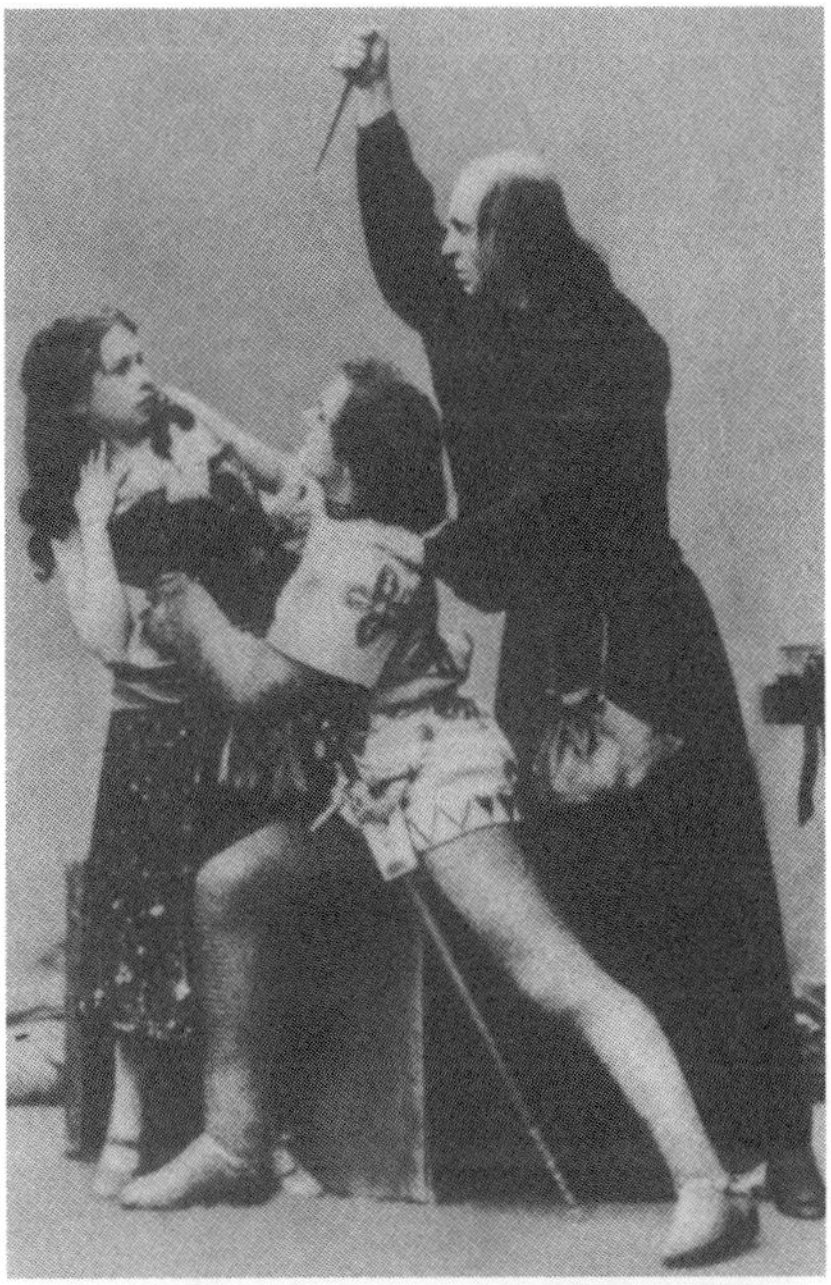

『ギュデュールの娘』（1902）

ゴールスキーは、『ドン・キホーテ』で初めて試みたリアリズム演劇に影響を受けた演出法を、続く一九〇二年の『ギュデュールの娘』（原作はユゴーの『ノートルダム・ド・パリ』）や一九一〇年のフローベル原作『サランボー』などのオリジナル作品でさらに徹底的に行い、新しい動きを加えながらクラシック舞踊を発展させた（『サランボー』では、一九〇四年から何度もロシア公演を行なったイサドラ・ダンカン（一八七七〜一九二七）のクラシック舞踊にはない自由な動きも取り入れている）。とくにゴールスキーが「自分の芸術活動のなかで最もシリアスで、最も成功した作品」と語ったという『ギュデュールの娘』では、意味を伝えるパントマイムと抽象的表現の踊りの二本立てから成る従来の手法から完全に離れ、プティパが確立させた一九世紀のバレエの形式であるパ・ド・ドゥもヴァリエーション（独舞）もグラン・パ（独舞や群舞、その混合のナンバーが組み合わされている大きな舞踊シーン）も使用せずに、心の表現が自然にマイムと踊りの融合した動きとなって現れてくる、モスクワ芸術座のスタニスラフスキー・システムを応用したと言える振付を行なっている。

この手法を発展させた創作は、一九三〇年代に「ホレオドラマ（主に文学作品を原作とし、舞踊の身体表現を台詞とした演技を重視するバレエ、ドラマ・バレエと呼ばれる場合もある）」というジャンルとして人気を博し、二〇世紀後半には西欧でもジョン・クランコなどがドラマティックなバレエを生むことになるが、プティパの影響力が大きかった当時、プティパのように舞踊を見せるための舞踊シーンを作らないことは、あまりに大きな冒険であった。批評家たちに「非舞踊的」と一斉に非難されたこの作品は、すぐに姿を消すことになってしまった。これらの新たな試みは当時の観客に十分に受け入れられず短命に終わったが、一貫性のある物語の展開とドラマ性を重視する傾向は、現在に至るまでモスクワ派のバレエ界の人々に受け継がれている。

Ⅳ　ロシア革命期のゴールスキー

ゴールスキーがモスクワのボリショイ劇場で演出振付を行なったのは一九〇〇年から一九二四年（バレエマスターの職務に就いたのは一九〇二〜二四年）であり、一九〇五年と一九一七年の二つのロシア革命をはさんだ非常に困難な時期だった。ゴールスキーにわずかに遅れてバレエのモダニズムを開始したフォーキンが、斬新なバレエを追求していったバレエ・リュスに参加して、西欧で作品を発表し成功を博したのに比べ、ゴールスキーは、国内の混沌とした困難な社会状況の中で活動をつづけたというだけでなく、ロシア人の精神、意識の転換の移行期に創作を行なったため、劇場の内外から様々な反発を受け続けた。一九一七年の十月革命前は、プティパの信奉者からクラシックの破壊者として攻撃された。一方十月革命後は、革命前の芸術傾向を引きずるものとして、新生社会に相応しい新しい芸術を求める者たちから非難されたのだった。ゴールスキーのバレエ改革は、フォーキンに比べて、プティパのクラシック・バレエから抜けきれていない折衷的なものであったと言われるが、そこにはロシアのこの時代の事情が反映されているのである。

十月革命後、ゴールスキーのボリショイ劇場での仕事の大部分は、古典作品の新演出であった。オリジナルの創作はボリショイ劇場外での活動で行なわれたが、一九一〇年代のイサドラ・ダンカンの即興的モダン・ダンス風の自由な動きを取り入れたその創作は、流行遅れの印象を与えただけだった。

この時期、ボリショイ劇場での仕事が古典の改変だったことは、レパートリーの決定権がゴールスキーから剥奪されたことと関係している。マリインスキー劇場と並んでロシア・バレエの伝統を継承発展させてきたボリショイ劇場は、皇帝や貴族の所有物であったとして当時左翼からその存在価値を否定されたバレエ芸術を、死守してゆく必要があったのである。劇場幹部は、プティパの作法に反逆を試みてきたゴールスキーが、古典作品を消滅させる恐れがあると考えたのかもしれない。もっとも、十月革命前後に台頭し、過去の芸術を否定して芸術にも根底からの革命を起こそうとした、アヴァンギャルドの理念や手法で創作を行いバレエを脱構築してしまうことは、劇場側だけでなく、「リアリスティックな演劇的バレエを至上のもの」と考えるゴールスキーにも不可能なことだったのだが。

V　リアリズム演劇の手法による古典の改変

1　『白鳥の湖』

十月革命後のゴールスキーの古典作品新演出の中で最も注目に値するのは、モスクワ芸術座の演出家ワシーリー・ネミローヴィチ＝ダンチェンコ（一八五八～一九四三）の協力を得て行った一九二〇年の『白鳥の湖』であろう。不評に終わり舞台生命は短かったとはいえ、踊りを見せるために容認されてきた筋の流れの矛盾が一切ない、一貫して展開するドラマ、「モスクワ芸術座風」のリアリスティックな表現は、その後の古典作品新演出やドラマ・バレエの演出に大きな影響を与えた。

また、『白鳥の湖』で今日当然のように用いられている演出の様々な要素が、二〇世紀以降のこの作品の演出のオリジナル版である一八九五年のプティパとイワーノフの演出振付ではなく、ゴールスキーの一九二〇年の版ではじめて導入されたものも多いということでも、この版は興味深い。

ゴールスキーは一九〇一年と一九一二年にも、「モスクワ芸術座風」の『白鳥の湖』演出振付を行っているが、一九二〇年版はその総まとめと言えるものであり、リアリズム演劇の傾向が極度に強まった。第一幕は基本的にはプティパの演出振付に従っているが、ワルツがトウシューズではなくヒールの靴での踊りになり、王子の成人式の踊りの重要な見せ場である女性二人と男性一人によるパ・ドゥ・トロワは、王子とその友人、二人の農民の娘の四人のパ・ド・カトルになり、やはりヒールの靴での踊りになった。これによって、第一幕は風俗描写的な色合いがより強まった。また、現在多くの版で目立つ存在である道化の役は、このゴールスキーの演出で考案された。

第二幕から第四幕にかけては、大幅な改変があった。オデット姫と悪魔の娘オディールは、別々のダンサーによる役になった。ダンチェンコの案で、オデット姫はグルジア（現ジョージア）の伝説の魔法にかけられた姫という設定になり、おさげ髪に冠をつけ、裾広がりのドレスを着た。オディールもチュチュは身につけず、一本の角を頭につけ、〝火の鳥〟を思わせる謎めいたデモーニッシュな形象となった。第二幕はイワーノフの詩情あふれる美しさが完全に失われ、白鳥に姿を変えられた娘たちの悲劇を説明する舞踊的マイムが中心になった。この舞踊の少なさがとくに非難の対象となった。

実現はされなかったが、ゴールスキーとダンチェンコの案では、踊り手に大きな羽のついた重い衣裳を着せ、それをはずすことで人間への変身を示すはずであった。すべてがこのように、踊り自体よりもリアルに物語を叙述することに力が注がれ、舞踊の詩的虚構はことごとく削除された。ドラマとしての面白さを出すために、オディールは第二幕にも登場し、王子とオデット姫の出会いをそっと物陰から見張っている。そして最後の第四幕では、王子とオデット姫の愛が悪魔に勝利したとき、オディールはジゼルのように気が触れてしまうのだった。

第三幕の舞踏会は仮面舞踏会になった。この改変は、謎めいたムードを醸し出すとともに、事件の進展を円滑にした。オディールはオデットの仮面をかぶり、変装を楽しんでいる客たちに混じって気づかれずに計画をやり遂げたのである。

第四幕では、ハッピーエンドの結末がこの時に初めて導入された。それ以前のすべての演出では、オデットと王子が死の結末を迎えるか、現世以外のどこかで結ばれるかであったが、ここでは、悪魔ロットバルトは滅び、オディールは発狂し、オデットと王子は愛によって悪に勝利し現世で結ばれるのである。周知のように、愛の勝利によるハッピーエンドの結末は、その後の数多くの演出に採用されることになった。

ゴールスキーとダンチェンコの演出は、あらゆるシーンが論理的に正当化された、人間の心理を追求する『白鳥の湖』を誕生させたが、ヴァリエーション、コール・ドゥ・バレエ（群舞）のアンサンブルといった、プティパとイワーノフの演出振付の妙である舞踊的見せ場がほぼすべて失われたこと、そして何よりも挿入のエピソードの音楽との不一致が、踊り手と観客双方からの不評の大きな原因となった。たとえば、オディールを踊ったマリーヤ・レイゼンは、第四幕の音楽の中に発狂の描写を感じ取れず、役作りにかなり悩んだという。

このように多くの問題をはらんだ演出であったとはいえ、ゴールスキーとダンチェンコの手法は、演劇的面白さを重視した一九三三年のワガーノワ版、一九五三年のブルメイステル版などで大きく花開くことになった。

2 『ジゼル』

ボリショイ劇場付属の実験用舞台「ニュー・シアター」で一九二二年に上演され、一九二四年から一九三〇年代まではボリショイ劇場で上演されたゴールスキー演出振付『ジゼル』も、当時としては非常に斬新な試みだった。ここでは、一九一八年のアクヴァリウム庭園劇場（モスクワ）での、貴族と農民の間の不平等に焦点を当てた演出が、さらに強調された。ちなみに、一九一八年版では、未来派のI・フェドートフの美術が作品に新たな印象を与えていた。

一九二二年版では、まず、キャラクター・ダンサーで官能的な踊り方をするレイゼンが、本来の役柄では純粋で体の弱いジゼル

ゴールスキー版『ジゼル』（1922）第一幕

役に選ばれたことが、人々を驚かせた。ジゼルはトウシューズではなくヒールの靴を履き、粗野で無教養で、コケティッシュに、傲慢に、そして挑発的に恋人のアルベルトを見つめたのである。まさに、大胆な解釈で高く評価されているコンテンポラリー・ダンスのマッツ・エック版『ジゼル』（一九八二）の、ジゼルのイメージをもったキャラクターである。

一方、第二幕の純白の長いチュチュを着た美しいウィリ（結婚を目前にして亡くなった若い娘の精霊）たちは、チュチュではなく裾の破れた経帷子のような白いドレスを着、有名な群舞の統一美を見せるのではなく、各人がドラマを作り上げるための各様の動きをする。うなだれたり、絶望した様子で手を差し伸べたり、力なく床に座ったりといった具合である。二二年版のF・フョードロフスキーの美術は、方々の墓に立つ倒れかけた十字架や、蛇のように絡み合った木の枝、その隙間から見えるウィリの青白い顔や腕で、不気味な雰囲気を醸し出していた。このホラー映画のような演出は、『ジゼル』のロマンティックな叙情が失われているとはいえ、物語の内容にかかわらず、基本的に美を追求した一九世紀のバレエとは異なる一つの新しい解釈として、存在価値があるように思われる。

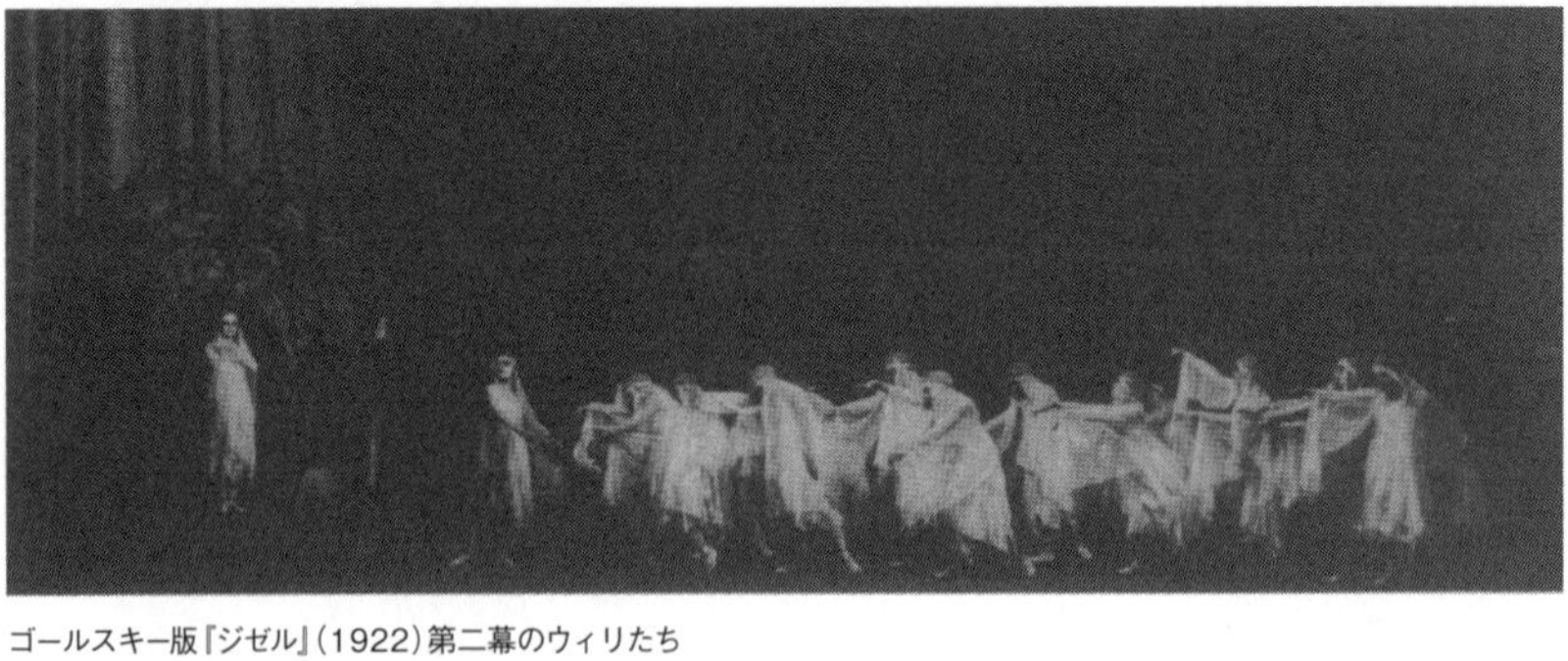

ゴールスキー版『ジゼル』（1922）第二幕のウィリたち

VI ダンスシンフォニー

最後に、ゴールスキーの創作でとくに注目に値するものを挙げておきたい。それは、一九一八年にアクヴァリウム庭園の劇場で上演された『アン・ブラン（En blanc）』という作品である。ここでゴールスキーは、チャイコフスキーの交響曲第三番を使って、物語をバレエの基盤とせずに音楽そのものを踊りで視覚化するという二〇世紀の新しいジャンル、ダンスシンフォニーを試みたのだった。ただしこの作品は、音楽の緻密な構造分析から作られているのではなく、音楽の雰囲気や味わいを踊りにしたものだった。構造分析による音楽の視覚化は、一九二三年にフョードル・ロプホーフが国立ペトログラード・オペラ・バレエ劇場（現マリインスキー・オペラ・バレエ劇場）で創作した『宇宙の偉大さ』を待たなければならないが（第一一章参照）、ロプホーフがダンスシンフォニーの代表的振付家ジョージ・バランシン（本名ゲオルギー・バランチヴァーゼ、一九〇四〜八三）に影響を与えたように、ゴールスキーの作品は、この作品に出演していたレオニード・マシーン（一八九六〜一九七九）のダンスシンフォニーに、その創作法で影響を与えている。

以上で述べてきたように、ゴールスキーの新しいバレエ創造の試みは、時代の荒波にもまれて十分に成功したとは言うことはできないが、その様々な要素が二〇世紀以降のバレエに大きな痕跡を残している。とくに、ロシアで一九三〇年代から主流となり、西欧のバレエ界にも影響を与えたジャンル、ホレオドラマでの演劇的な舞踊と舞踊的なマイムが、モスクワ芸術座の演出法の影響による彼の演出振付を発展させたものであることは極めて重要である。

〔第七章〕

二〇世紀バレエの扉を開けた振付家ミハイル・フォーキン

今世紀初頭にバレエの創作活動を始め、ロシアの興行師セルゲイ・ディアギレフ（一八七二〜一九二九）に率いられて欧米でセンセーションを巻き起こしたバレエ団、バレエ・リュスの最初の振付家として重要な仕事をしたミハイル・フォーキン（一八八〇〜一九四二）は、二〇世紀最初のバレエの革新者の一人として知られている。フォーキンの前の世代の一九世紀のプティパのバレエは、音楽を土台にフォルムの美しさを見せる踊りの間に、マイムによる説明を挿入してストーリーや登場人物の心情を語る多幕ものの物語バレエか、身体で語らずにもっぱら美しい踊りを見せる小品を組曲のように並べるディヴェルティスマンという形態で作られていた。それに対して、フォーキンは、マイムを一切排し、踊りの個々の動きに意味を付与することによって、物語の説明ではなく感情やムードを伝える舞踊ドラマという形態を作り上げたのである。そして、個々の動きとその意味は、マイムのように一対一対応ではなく一対多対応となり、このシンボリカルに凝縮された表現が、さらに一幕ものや数分の小品のドラマという新たなバレエのジャンルを生み出した。フォーキンとほぼ同時代に巨匠プティパとは異なるバレエを生み出そうとしたゴールスキー（第六章参照）が、踊りをすべて具体的な語りにして舞踊ドラマを創作しようとしたのとは対照的である。

ミハイル・フォーキン

このようなフォーキンの新しいバレエの創造は、二〇世紀初頭にとくに盛んになった他の芸術ジャンルとの交流に関係している。そこで本章では、他のジャンルとの交流という点に注目して、フォーキンの新しいバレエがどのように生まれてきたか、そしてその新しいバレエがバレエの歴史にもつ意味は何かを考えてみたい。

I　フォーキン以前のバレエ

フォーキンのバレエを解明するために、まず、それ以前のバレエについて簡単に触れておこう。小品集は別として、一九世紀のバレエは基本的に、文学や童話などを原作として物語を表現するものであった。しかし、踊りは言葉を用いないために、感情やムードを表現するのには適していても、具体的な状況を説明する力は乏しい。そのために、説明のためのマイム（記号としての作られた型も含めて）で物語を進めながら踊りを見せる多幕ものの作品が、一般的であった。つまり、伝える意味を一つ一つマイムに対応させて説明する、いわば「散文型」の作品が、一九世紀のバレエであった。

このような物語バレエは、一九世紀前半のロマン主義の潮流を汲んだ時代には、ドラマ性が重視されたために、踊りが感情を表現しながらマイムとなだらかにつながり、断絶の少ない場面の流れを作り上げた。だが一九世紀の終わり近く、踊りの美しいフォルムを生み出す天才マリウス・プティパがロシアにバレエの黄金時代をもたらしたときには、物語バレエの中でも踊りは意味をもたずに美しいフォルムを見せるものとなることが多くなり、マイムと踊りが明確に区別されるようになった。フォーキン本人が批判するところでは、「バレエの中で踊りを絶対的な最高位に置いたプティパは、作曲家に個々の踊りの拍数などについて詳細な要求を出したほかは、制作スタッフと密な連絡をとらないことも多く、踊りと背景が調和しないこともあり、衣裳は題材にかかわらず大抵の場合短いスカート［クラシック・チュチュ］が用いられた」。さらには、一九〇三年にプティパがマリインスキー劇場を去った後は、後継の振付家たちがプティパのような振付の才がなかったうえに、内容のドラマ性や筋の一貫性はさらに軽視されるようになり、当時マリインスキー劇場に四人しかおらず特権的地位にあったプリマ・バレリーナたちが、作品全体を考えずに、自分の踊りを誇示するために作品を変えることもしばしばだったという。

一八九八年に帝室マリインスキー劇場でプロのダンサーとして歩み始めたときにフォーキンの目に映ったバレエ界は、このようなものだった。

II 「芸術世界」派との出会い

だが、フォーキンがプロとしての活動を開始したまさにその時期に、ロシアの舞台芸術界には大きな変化が起こり始めた。異分野の芸術との交流が盛んになってきたのである。美術に絵画の第一線で活躍する画家たちが参入し、オペラを演劇の演出家が演出した。また、バレエで伴奏にすぎなかった音楽を、チャイコフスキーの参加以来、「職人作曲家」と言われる人々ではない音楽家が担当するようになった。

マリインスキー劇場では、一九〇一年にウラジーミル・テリャコフスキー（一八六一～一九二四）が帝室劇場総裁となった後すぐに、当時のロシアの芸術の最先端を行く「芸術世界」派のアレクサンドル・ブノワ（一八七〇～一九六〇）やレオン・バクスト（一八六六～一九二四）ら、つまり、後に結成されるディアギレフ率いるバレエ・リュスの初期活動の重要人物たちが、帝室劇場の舞台装置や衣裳の制作に起用され、彼らに舞台美術家への道が開かれた。

一九〇五年に創作活動を開始したフォーキンも、クラシック舞踊の動きを変形して保守派から非難されたが、テリャコフスキーによってその創作の新しさが評価されたのだった。テリャコフスキーは、前帝室劇場総裁フセヴォロシスキーのもとで多くの傑作を生んだプティパを嫌っていたが、プティパの力を認め、プティパの一〇〇作品（五〇のバレエ作品とオペラの中のバレエ五〇作品）を記録したステパーノフ式舞踊譜の作成をプロジェクトを組んで数年かけて行った。しかし、プティパを失脚させたのはテリャコフスキーであり、芸術の新しい時代を開こうとしていた総裁である。

こうして、フォーキンと「芸術世界」派の接触は用意された。フォーキンと「芸術世界」派との出会いは、一九〇七年にマリインスキー劇場で初演されたバレエ『アルミードの館』で、ブノワが美術を担当し、フォーキンが演出振付を行ったときだった。芸術家の家庭に育ち、幼少から様々な芸術に親しみ精通していたブノワは、「芸術世界」派の中心人物であり、バレエを熱愛していたこともあって、フォーキンはブノワから多くを学び、また、二人は意気投合して、親密な交際が始まった。そして、ブノワの家で開かれていた「芸術世界」のシンボリストたちの会合にも、フォーキンは常に顔を出すようになる。他にブノワ家にやって来たのは、画家のコンスタンチン・ソーモフ（一八六九～一九三九）、バクスト、哲学者のフィロソフォフ、音楽・美術評論のヌーヴェル、そしてディアギレフなどだった。フォーキンが参加する以前の一八九九年から一九〇四年に、このグループが中心になって出版した雑誌『芸術世界』が、美術、文学、哲学、音楽、舞台芸術などのあらゆる芸術ジャンルを取り挙げていたのは、ワグナーを信奉するブノワの芸術理念に見られるように、彼らが、ルネサンスや古代の文化に見られるあらゆる芸術の総合、つまり、舞踊、音楽、言葉、絵画、建築、彫刻の融合を、未来の芸術として求めていたためである。フォーキンとブノワが意気投合したのも、まず第一にこの芸術理念に関してであり、バレエ・リュスで彼らが作り上げたものは、まさにこの理念の具現化だったのである。

フォーキンが帝室マリインスキー劇場にダンサーとして入団した一八九八年に話を戻すと、この年、振付の巨匠プティパの『ライモンダ』が発表されたとはいえ、プティパは次第に創造の力を失い、一九〇一年には、『白鳥の湖』でプティパの片腕となったイワーノフも他界してしまう。その後彼らに比肩する振付家は現れず、二〇世紀初め、マリインスキー劇場には画期的な新作が生まれなかった。一貫性のあるドラマとしてのバレエの創作を考えずに、妙技を披露して常連の上流階級を喜ばせている上演にフォーキンは幻滅を感じた。一時、絵や音楽で身を立てることを考えて、本格的に絵を習い、プロのマンドリンの公演に参加しさえしたのはこのためだった。

一九〇二年から、ダンサー以外に帝室サンクト・ペテルブルグ舞台芸術学校（現ワガーノワ・バレエ・アカデミー）の教師としても働いていたフォーキンは、一九〇五年に第一作目のバレエを生徒のために振り付ける。『アーキスとガラテア』という古代ギリシャをテーマとしたもので、ギリシャ美術の綿密な研究の上に創られている。初期のフォーキンはその後の作品でも、美術をモチーフにして創作を行っているが、物語という言葉を創作の出発点としなかったことは、フォーキンが新しいスタイルのバレエを生むキーポイントとなっているように思われる。

一九〇四年から幾度もロシアにやって来たダンサー、イサドラ・ダンカンの影響も重要である。古代ギリシャへの回帰を唱えながら、裸足で、インスピレーションに満ちた自由な動きで、感情や情緒を伝えたダンカンは、多くの芸術家に強烈な印象を与えた。

フォーキンはダンカンからの影響を明言していないが、彼とともにダンカンの舞台を見たブノワの回想によると、ダンカンの動き自体のもつ大きな表現力、型にとらわれない自由な動き、そして古代ギリシャへの回帰のテーマに、フォーキンは自分の芸術観との一致を見、熱狂していたようである。『アーキスとガラテア』の古代ギリシャのテーマもダンカンの影響と考えられている。

III　二つの『ショパニアーナ』

では、フォーキンと「芸術世界」派の交流は、フォーキンが二〇世紀の新しいバレエと言われる舞踊スタイルや作品を生み出すうえで、実際どのようにかかわったのだろうか。

それは、初期の創作で大きな転機となった『ショパニアーナ』に見ることができる。この作品は、前述した一九〇七年一一月のブノワとの共同制作『アルミードの館』の前後に、第一版と第二版が創作された（音楽ショパン、編曲グラズノーフ、美術ブノワ）。この二つの『ショパニアーナ』の間に、「芸術世界」派とフォーキンとの交流は始まったのである

現在の日本や欧米では『レ・シルフィード』として知られているこの作品の第一版は、一九〇七年二月に、

まずフォーキン一人の案で創作された。この作品で彼が目指したものは、プログラムの言葉による内容説明も、型に従ったマイムも使わずに明確に内容を伝えることができるバレエを作ることだった。

そこには、墓場で修道士の幽霊たちに囲まれてピアノの前に座るショパンが作曲する場面や、花嫁が駆け落ちするポーランドの結婚式の一コマや、様々な民族舞踊、そして、作品の中心となる、ロマン主義バレエを再現してアンナ・パーヴロワ（一八八一〜一九三一）のために振り付けたシルフィード（空気の精）のワルツなど、種々雑多な内容が取り込まれている。ここでフォーキンは、「現実と幻想の入り混じるロマン主義バレエのスタイルで、説明書きの必要がないバレエを作ること」を目指したと、バレエ史学者クラソフスカヤは書いているが、おそらくそれは正しい。『ジゼル』に代表されるように、ロマン主義バレエでは、現実世界と幻想世界を対置させる形が典型であったこと、ロマン主義バレエの最初の作品と言われるオペラ

『ショパニアーナ』ワツラフ・ニジンスキー

『悪魔のローベル』（初演一八三一年）のバレエのシーンが、「廃墟と化した修道院の中庭で、下俗した尼僧たちの亡霊が墓を抜け出し、月の光を浴びて踊る」ものであり、『ショパニアーナ』の墓場の修道士の幽霊たちのシーンは、『悪魔のローベル』を意識して作られていると考えられること、そして、フォーキンが、ロマン主義バレエを、「技術を誇示する一九世紀後半のプティパのバ

レエの対極にある詩情あふれる優れたものと考え」、作品の中心となったパーヴロワのためのシルフィードのワルツを、ロマン主義バレエの舞姫タリオーニの踊りの再現として作っているからである。さらに重要なことは、第一版の『ショパニアーナ』でも、マイムは排除されているとはいえ、バレエの具体的内容を伝えるここでの踊りは、意味の一対一の変換であり、プティパのマイムが舞踊に変えられたにとどまっていることである。これは、たとえば、ロマン主義バレエの代表作『ジゼル』を例にとれば、死んだジゼルがウィリとなって踊る第二幕の異次元世界は、死の世界のアレゴリーという意味合いが強いのと同様である。

しかし、『アルミードの館』でブノワと一気に親交を深め、「芸術世界」の会合にも出席するようになった後の、一九〇八年三月の第二版は、ロマン主義への回帰というよりも、よりシンボリックな表現になり、シンボリズム的表現へと変化するのである。第二版では、ブノワの助言に従って、第一版でパーヴロワに振り付けたシルフィードのワルツのデュエットのテーマのみが拡大され、ショパンの組曲の全ての踊りが、白い

『ショパニアーナ』アンナ・パーヴロワ

チュチュのシルフィードの踊りに統一された。ブノワの実際の助言の言葉は発見できていないが、改訂版でのブノワの描いた背景に溶け込んだシルフィードの様々な舞踊の連続は、共通のムードを漂わせる一つの絵となったのである。それは沈みかけた太陽の光の中、けだるい空気に包まれて、夢見心地の若者があたりを飛び交う幻のシルフィードを追いかける絵であり、バレエは、不確実で手からすぐすりぬけてしまう夢を象徴するものとなった。

そして、同様に重要なことは、第二版のシンボリズム的テーマから、フォーキンがシンボリズム的な独自の舞踊言語を発見したということである。それは、たとえば、若者のソロに見られる表現である。

> この新しい解釈で過去のバレエと異なっている点は、(意味の)表現法である。〔…〕私がダンサーに話したことは、「観客のために踊ったり、自分を見せようとしたり、自分にうっとりとしたりしてはいけない。逆に、自分を囲む軽やかなシルフィードに目をやり、それをうっとりとながめ、それにひかれてゆくように」ということである。この幻想的世界への心の高まり、どこかへひかれてゆく心、まさにそれが、この踊りの基本となる身ぶりである。(*Фокин, М.* Против течения. Л., 1981. より筆者訳)

気持ちを散文的に具体的に伝えるのではなく、観客にアピールするのでもない、このシンボリックで内省的な表現法こそが、新しい動きの舞踊表現を生み出すことになったのである。

このようにフォーキンがシンボリックな表現のバレエを誕生させたことにはどのような意味があったか——フォーキンは、説明的マイムの、動きと意味の一対一対応で物語を進めてゆく一九世紀の「散文的」

バレエから、舞踊語彙がシンボリカルな凝縮された意味をもつバレエ、つまり、「バレエ詩」という新しいジャンルを作り上げたということができるだろう。

Ⅳ『瀕死の白鳥』とシンボリズムの詩

『ショパニアーナ（レ・シルフィード）』のシンボリックな表現が、より美しくドラマティックな動きとして練り上げられた、フォーキンの初期傑作と言える作品が、わずか二分ほどで踊り手が深いドラマを追究できる『瀕死の白鳥』である。そのモチーフを、同時代人がシンボリズムの詩と結びつけているのは注目に値する。

名バレリーナ、パーヴロワのために創作されたこの作品は、白鳥の死の直前の姿を踊っているが、すべての動きがそのまま精神世界の反映となっている。もちろんここでも、自分の内部に沈潜してゆく表現方法が大きなドラマを生み出している。

この作品の白鳥のモチーフとなっているものには、同じ腕の

『瀕死の白鳥』アンナ・パーヴロワ

動きを使っている『白鳥の湖』のオデット姫はもちろんのこと、ヴルーベリの絵画『白鳥』のほか様々なモデルが考えられるが、発表当時にロシアでそのモデルと考えられたのは、シンボリストの詩人バリモントの詩『白鳥』である。

白鳥

岸辺の淀みは眠り、水面は鏡のように静かだ
ただ葦がまどろむその場所から
魂の最後の溜息のような
何者かの悲しい歌が聞こえてくるばかり

それは瀕死の白鳥が泣いている声
すぎ去った過去と語る声
空には燃え尽きようとしている夕暮れが
燃え上がっては消えかかる

なぜこれほど、その哀れな叫びは悲しいのか
なぜこれほど、胸が震えるのか

今、白鳥の心は願っているようなのだ
帰らぬものを取り戻したいと

不安や喜びに満ちた生活の生きがいのすべては
愛が期待したものすべては
走馬燈のように目の前を走り去り
決して再び現れることはない

癒されない傷を与えてしまったもの
すべてへの思いを
白鳥はこの歌に込めた
まるで慣れ親しんだ湖を前に
ゆるしを請うかのように

そして、遠くで星が輝き
人気のない静けさのなかに霧が立ち込めたとき
白鳥の歌声はしだいにちいさくなり
しだいに悲しみを深めていった

葦は囁きあっていた

白鳥は力なく息絶え絶えに歌っていた
死の間際に歌ったのは
永遠の、調和をもたらす死を前に
初めて真実を見たからだった（筆者訳）

現実は刹那的な夢、得られない夢であり、死は偽りの現実から解放される永遠の調和であるというこのコンスタンチン・バリモント（一八六七〜一九四二）の詩は、革命前のロシア・インテリゲンツィヤの憂うつや当惑した心をとらえ大人気を博し、この時代の白鳥のイメージに大きな影響を与えた。そして、同時代人たちは、やはり人気を博したフォーキンのバレエ『瀕死の白鳥』とバリモントの詩にイメージの類似を見出した。コンサートで、バレリーナが『瀕死の白鳥』を踊っている時に、俳優がバリモントの詩『白鳥』を朗読するということがよく行われたのである。

フォーキンは前述したように自分の作品への影響、そのモデルなどを一切語らないが、振付とバリモントの詩には、かなりの類似が見出される。

まず、第一に作品全体の抑揚の類似について。

バリモントの『白鳥』は、湖の水面の「沈黙」、白鳥の「溜息」のようなかすかに聞こえる歌という表現で静かな「音量」から始まり、白鳥が泣き、哀れな叫び声をあげ、人生が一瞬の夢となって過ぎ去り、ゆ

図1

図2

図3

図4

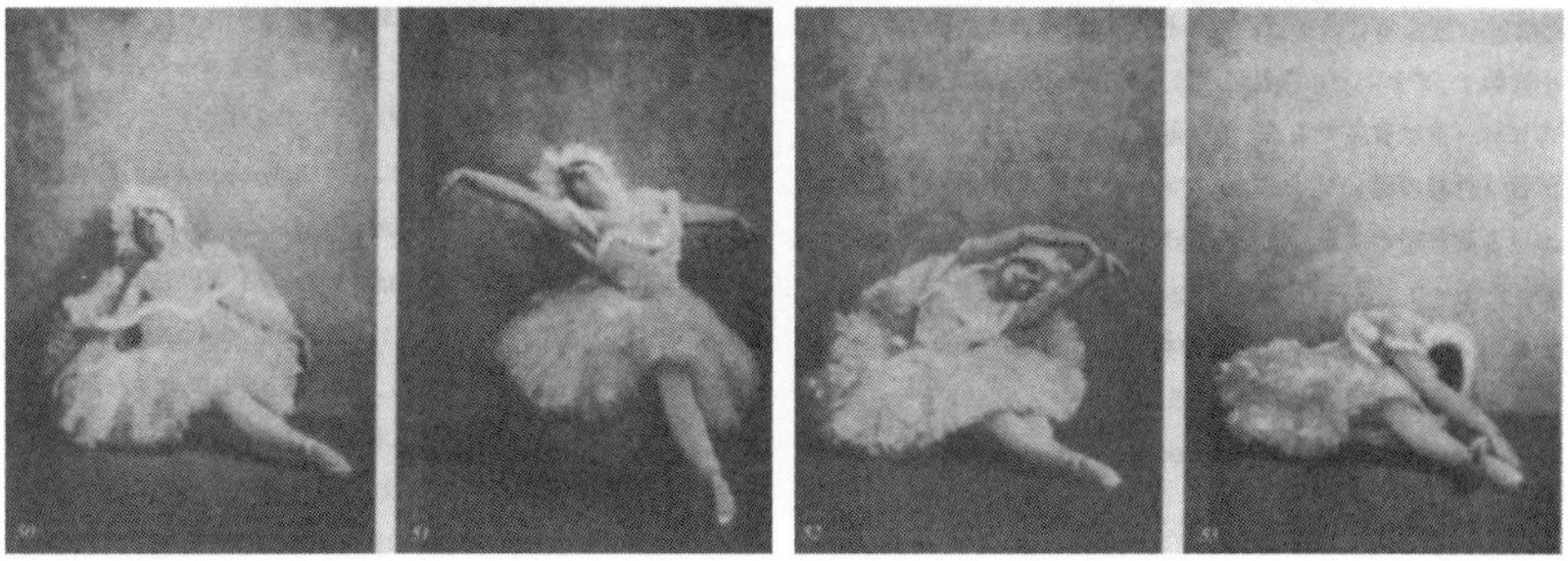

るしを請うことでクレッシェンドされてゆき、最後に歌声が小さくなり、息絶え絶えになる。同様にフォーキンの作品も、静かな水面をゆっくりと音もなく滑るように白鳥が登場し、次第に動きがクレッシェンドされ、最後に、やっと力をふりしぼるような動きで床に倒れてゆく。

さらに具体的な類似を指摘すれば、登場の場面のパ・ドゥ・ブレで進み出る静かさ（図1）、白鳥の泣く姿（図2）、湖の前でゆるしを請う姿（湖と向き合うかのように、この部分だけ後向きになる）（図3）、そしてもちろん、力なく息絶え絶えになる姿（図4）に、詩と踊りのイメージの一致がうかがわれるのである。

このようなことから、バリモントの白鳥の、死を前にした哀愁に満ちた神秘的イメージは、おそらくフォーキンのインスピレーションを刺激し、彼が「バレエ詩」を作り上げるのを助けたのではないかと考えられる。

フォーキンの初期のバレエの新しさは、しばしば語られるように、単なる、台本の説明が不要な、ムードを伝えるバレエを作ったことにあるだけでなく、シンボリカルな表現が凝縮された、ドラマティックな「バレエ詩」を作り上げたことにある。その誕生を助けたのは、異分野の芸術との交流だった。そして、フォーキンの「バレエ詩」と異分野との交流がさらに発展することによって、バレエ・リュスの創造した総合芸術としてのバレエが生まれてくるのである。

〔第八章〕

プティパからフォーキンへ——その新しさとは

サンクト・ペテルブルグのマリインスキー劇場出身で、ロシアの興行師ディアギレフ率いるバレエ・リュスの最初の振付家となったミハイル・フォーキンは、一八八九年にマリインスキー・バレエに入団したのち、一九〇九年バレエ・リュス第一回パリ公演のためにバレエを創作して大成功を収め、「新しいバレエの創り手」として世界から称賛された。「新しいバレエ」という言葉は、フォーキン自身が自分の著作で使用している言葉である。

フォーキンは、彼が振付を始めた二〇世紀初頭に、まだロシア・バレエ界のリーダーであった、一九世紀バレエの巨匠マリウス・プティパを超えようとし、また、その亜流の二〇世紀初頭の振付家たちの作品への反発から、二〇世紀の「新しいバレエ」を創り上げた。

フォーキンのバレエの新しさについては、三つの点を指摘することができる。まず、第七章で述べたような初期のシンボリズム的な「バレエ詩」の創作について。そして、本書では扱わないが欧米で公演活動を行ったバレエ団「バレエ・リュス」（一九〇九～二九）の基本方針であった「総合芸術としてのバレエ」、つまりバレエを構成するあらゆる芸術ジャンル――ダンス、音楽、美術等々のすべてが同等の力でアピールするバレエを、このバレエ団の最初の振付家として創造したということ。加えて、一貫して物語が流れてゆく、ダンスで語るドラマを創造したということである。しかし、フォーキンを世界的に有名にしたバレエ・リュスの活動での、総合芸術としてのバレエの創作やドラマトゥルギーに関しては、バレエ・リュスを率いたディアギレフや美術を担当したアレクサンドル・ブノワ、レオン・バクスト、ニコライ・レーリヒ等々、音楽を担当したイーゴリ・ストラヴィンスキー等々のリードや共同作業が大きな意味をもっており、振付を行ったフォーキンの役割の程度は不明瞭である。

そこで本章では、現在見ることができるフォーキンの代表作と第五章で挙げたプティパの原典版復元を比較して、美術や音楽の共同制作者の意図ではないフォーキンの演出振付の新しさを考えてみたい。

フォーキンの代表作は、一九八〇年代から西欧やロシアで復元演出が盛んになり、とくに代表作『ペトルーシュカ』『火の鳥』『ポロヴェツの踊り（オペラ『イーゴリ公』より）』『シェエラザード』『ショパニアーナ（レ・シルフィード）』『瀕死の白鳥』は、現在世界の様々なバレエ団で上演されている。プティパの全幕の原典版の復元に関しては、第五章でリストアップした通りである。このうち、プティパの代表作『眠れる森の美女』『バヤデルカ』『ライモンダ』は、フォーキンが振付を開始した一九〇〇年代前半に、この時代の帝室劇場年鑑から上演作品の回数を調べた論文（平野恵美子『『帝室劇場年鑑』と一九〇〇年代のペテルブルグにおけるバレエのレパートリー』）によれば、マリインスキー劇場で数多く上演されており、さらにフォーキン自身が主役や重要な役を踊った作品でもあって、細部に至るまで熟知していたはずである。フォーキンが創作の際に、とくにこれらの作品を反発の材料として頭に置いていたと考えることは妥当であると思われる。

I　バレエ・リュスでのフォーキンのバレエの新しさ

まず、振付のみに関してフォーキンとプティパの比較を行う前に、確認のため、振付に限らず広く知られているフォーキンを振付家とするバレエ・リュスの作品の新しさを、筆者の観点からまとめておきたい。

1　総合芸術として

周知のようにバレエの舞台は様々な芸術の要素から構成されているが、プティパのバレエでは、作品のコンセプトをプティパが案出し、すべてが踊りを引き立てるために存在した。音楽も美術も、副次的な要素として目立たずに踊りを支えることが、その役割とされていた。ただし、第五章で述べたように、音楽は、一九世紀末にチャイコフスキーのバレエ音楽が加わることにより、踊りと同等、あるいは踊りをリードする存在となった。

一方バレエ・リュスのフォーキンのバレエでは、踊り、音楽、美術のすべての芸術要素が、同等の力を発揮する総合芸術として創られた。ごく初期の作品を除いて、作品のコンセプトはディアギレフや美術のブノワ、バクストらに主導権があった。このような総合芸術の概念は、ワグナーのオペラの影響のもとに、ブノワの家で開かれフォーキンも参加していた「芸術世界」派のシンボリストたちの会合と、彼らの雑誌『芸術世界』の出版によって形成され、バレエ・リュスの創作で実現されていった（第七章参照）。

2　音楽について

プティパは作曲家に詳細な注文を出し、各パートの踊りの小節数や曲調、リズムなどを自ら規定した。つまり、振付が音楽よりも優位に立っていた。そして、すべてが踊るために作られた音楽で構成されていた。フォーキンのバレエの音楽は、自ら音楽を選んだ作品では、即興のダンスで世界の注目を集めたイサドラ・

ダンカンの音楽の影響を受けたと考えられるショパンやシューベルト、ラヴェル等々、バレエ・リュスではディアギレフと選んだストラヴィンスキー、リムスキー＝コルサコフ等々の音楽で、舞踊作品のために作曲されたものではない。フォーキンは著書『流れに逆らって』のなかで（二八〇頁）、「音楽から、作曲家から、解放されることを望む。音楽はイメージやキャラクター、絵を提供すればいいのである」と述べているが、この言説からも、実際の彼の振付からも明らかなのは、プティパのように作曲家よりも優位に立つことができなかったフォーキンは、音楽に縛られることを避けたいと望み、可能な範囲で、音楽を物語のイメージや雰囲気を創る背景にしたということである。フォーキンの振付が、音楽を緻密に視覚化していないと感じられるのはそのためだろう。音楽の選択がフォーキン独自のものでなくても、バレエ作品における音楽の役割を変えたのは、バレエ共同制作者とは切り離して考えることのできるフォーキン自身の創作の「新しさ」である（この創作法の良し悪しは別として）。ただし、作品は残っていないが、同時期にモスクワのボリショイ劇場で創作を行ったアレクサンドル・ゴールスキーにも、音楽に依存しない振付の傾向が見られるため（第六章参照）、プティパの次世代の傾向として捉えられる可能性もある。

3　テーマと題材について

プティパの作品は、皇帝の劇場である帝室劇場で皇帝に捧げるものとして制作された。同時代のロマン主義バレエの潮流を汲んだ超自然の世界やエキゾティックな世界を描いたものも多いが、プティパの芸術の頂点に立つ『眠れる森の美女』や『ライモンダ』などは、宮廷の現実、つまり、そのエチケットやヒエラルキー、服装などが反映されている。いずれにしても、プティパにとって最も重要なクラシック舞踊の見せ場は、リアルな人間の歪みを取り去った理想的な天上的とも言える完璧の美を、クラシック舞踊の特長である歪みのない完璧な美しさで表現するのが目的となっている。したがって、舞台上で描かれる時空間にはさほどの重要性はなく、物語はその舞踊シーンを作るための枠組み程度の役割となることが多い。そして、物語を進めるのは、もっぱらマイムだった。『眠れる森の美女』の悪の精カラボスや『ライモンダ』の悪役であるサラセンの王アブデラフマンなどの、物語を推し進める激しい感情が表れる役は、現在はクラシック舞踊で表現されることもあるが、原典版では踊りとマイムの融合したようなキャラクター・ダンスとマイムで表現された。

一方、フォーキンとバレエ・リュスの共同制作者たちは、物語の時空間を、舞踊と音楽と美術で明確に伝え、そこにリアルな人間の感情を盛り込もうとした。『クレオパトラ』『シェエラザード』などのロマン主義に範を求めたエキゾティックな題材でも、『ペトルーシュカ』などの人形の非現実的な内容の作品でも、そこには、リアルな人間の美しさも歪みも愛情も苦しみも描かれたのである。このようなコンセプトから出来上がったのが、フォーキンの「新しいバレエ」の大きな特徴である「ドラマとしてバレエ」「語りのダンス」である。

Ⅱ　フォーキンとプティパの演出振付の相違

では次に、そのようなリアルな人間のドラマを描くために、フォーキンは具体的に、どのようにプティパのバレエを変えていったかを考えてみよう。

1　作品の構造について

代表作『眠れる森の美女』をはじめとして、プティパの作品には各幕に共通する典型的な構造がある。

①アントレ——物語の始まるきっかけとなるようなマイムのシーンや、様々な人物が続々と舞台に現れて並ぶ「マルシェ」のシーン
②ダンスシーン——群舞が踊るシーン
③パ・ダクシオン——主役やソリストと群舞の踊り
④フィナーレ——マイムでの語りを含む、物語の部分ごとの締めくくり

そして、主役や準主役の最高の見せ場として、第五章でも述べた「パ・ド・ドゥ」という大きな舞踊場面（「アダージョ」男女二人が踊り、主に、男性が女性を支えたり持ち上げたりして女性の美しさを見せる踊り、「ヴァリアシオン」男性のソロと女性のソロ、「コーダ」男女二人が妙技を披露する踊り、の三つ）が、必ず存在する。

このようにして、プティパはマイムでの物語を進める場面と、人間的な歪みのない完璧な美しさが求め

られる、クラシック舞踊の重要な見せ場を分け、後者を際立たせる。つまり、プティパにとってのバレエは、踊りで語るドラマではなく、踊りによる完璧な美の追究なのである。

フォーキンの作品では、初期の『ショパニアーナ』などにはプティパ作品の構造に近いものが残っていたとはいえ、バレエ・リュスの作品では、ほとんど使われていない。踊りは、マイムと踊りを融合させたようなものになって、物語を進めるための語りとして機能し続ける。そして、主人公たちの踊りの見せ場は、ドラマの流れの中で必然的に現れてくる。たとえばハーレムが舞台の『シェエラザード』では、妻ゾベイダと金の奴隷の愛人関係を怪しむ主人が、出かけるふりをして家を出た途端に、ゾベイダと金の奴隷の戯れのデュエットが始まるのである。

こうしてフォーキンは、ロシア・バレエに定着していた巨匠プティパの作品構造を解体することで、踊りで語るドラマの流れを創り出したのだった。さらに、一九世紀バレエに用いられた記号的なマイム（右手で左手の薬指を指すのは「結婚」の意味、握った手で両腕を十字にするのは「死」の意味等々）は、フォーキンの作品では一切用いられていない。

2　群舞について

プティパの作品では、古典主義で用いられた対称形の、大勢の群舞が必ず用いられ、マスゲームのように、各人の個性を消して全体としての整然とした統一美を見せる。そして、主人公と群舞のアンサンブルのシーンでは、厳格なヒエラルキーが表出し、群舞は主人公を引き立たせるための装飾となり、主人公と踊りで対話することはほとんどない。

一方、バレエのリアリスティックな表現を目指したフォーキンは、初期の『ショパニアーナ』では、まず、群舞のシルフィードたちが手招きするとソリストが舞台に出るというような群舞とソリストのコンタクトを描き、次の段階のバレエ・リュスでの『ペトルーシュカ』や『シェエラザード』では、群舞の動きをまったく統一せずに、各人に個性をもたせて様々な動きをさせたり、役柄ごとのグループに分けて、グループごとに動きを与える振付を行った。ゴールスキーの新演出『ドン・キホーテ』（一九〇〇）の広場の群衆場面と同様に、フォーキンの『ペトルーシュカ』における広場の群集の様々に異なる動きなどは、祭りで集まった無関係な人々の雑然とした雰囲気を上手く描き出している。ゴールスキーとフォーキンが、このように天上的な美しさのプティパの群舞を地上に下ろす際のモデルとなったのは、スタニ

『ペトルーシュカ』ペトルーシュカ役ワツラフ・ニジンスキー

『シェエラザード』金の奴隷役ワツラフ・ニジンスキー

スラフスキーのモスクワ芸術座の群集場面だった。

3　ダンサーの性別について

一九世紀前半に始まったロマン主義バレエから続いて二〇世紀初頭までのプティパの作品も、女性が主役であり、ソリストも群舞も圧倒的に女性の踊りの見せ場が多い。プティパの作品でその女性上位の傾向に崩れが見えてくるのが、最後の傑作『ライモンダ』の四人の若手男性による踊りである。一八九八年の初演の際は、若きゴールスキーがその一人を踊り、男性舞踊手たちの活躍が評判になった。

そしてフォーキンが創作を始めた頃には、優れた舞踊手であった本人のほか、ニジンスキーという天才舞踊手をはじめとする高いレベルの男性舞踊手たちが育ってきたこともあって、性別を限定せずに作品の題材を選ぶことが可能になった。このような主役の選択の幅も、物語のリアルな描写につながり、また、それ以上の意義として、フォーキンの男性主役の作品は、二〇世紀バレエの大きな特徴である男性舞踊手の活躍の先駆けとなった。

世界中で主として女性の美しさを見せたロマン主義のバレエやプティパのバレエの後で、男性を前面に出したフォーキンのバレエは、周知のように、とくに男性舞踊手がほとんど姿を消してしまっていた西欧において、非常に新鮮で、衝撃的なものだった。それは、バレエ・リュスの一九〇九年パリ公演の成功の大きな要因でもあった。

4　振付について

振付を分析するためには、ダンスの創作活動を行っている筆者自身の観点から述べると、(a)ステップと足のポジション、それが生み出す身体のライン、(b)動きの空間、(c)重心の位置、(d)腕の動き、(e)身体の向きと姿勢、に分けて考察すると、創作スタイルのかなりの部分が把握できる。

◆(a)ステップと足のポジション

プティパの作品では、民族舞踊を取り入れたキャラクターダンス以外は、一七世紀のルイ一四世の「宮廷バレエ」の時代にピエール・ボーシャンが考案した、一番から五番までの足のポジションと後世に加えられた六番のポジションで、全ての動きが作られている。そして脚は、稀に使われる六番以外は、常に付け根から外向きに使われ（アン・ドゥオール）、床を踏んでいる以外はつま先が極限まで伸ばされている。脚を伸ばすポーズは、膝の裏側が極限まで伸ばされる。これらにより、プティパの振付は、ポーズもステップも歪みのない美しい幾何学模様を描き、また、脚の最も美しいラインである内側のラインが強調される。この動きの歪みのない完璧な美しさが、リアルな人間味を消し去り、天上的な究極の美の世界を構築するのである。

一方、フォーキンの振付では、ポーズもステップも、必要に応じて一番から六番の足のポジションが消えている瞬間も多く、しばしば脚を内股にも使っている。『カルナヴァル』の最後などでは、普通の走りでの追いかけっこのシーンも現れる。このようにして自然体に近い動きをも用いることで、フォーキンは、バレエでリアルな人間の内面を描くドラマを創ろうとした。ただし、クラシック舞踊のテクニックは高度に保つべきであると考えており、火の鳥など高度なテクニックを見せる役では、厳格にポジションを守った外向きの脚が用いられている。

◆(b)動きの空間について

プティパの作品では、ダンサーの動きは、上方は、男性の場合最大限にジャンプした高さまで、女性の場合、サポートする男性が両腕を伸ばして上方に持ち上げた高さまでであり、下方は、床に座るポーズなどは別として、ステップなどの動きは、女性は深く膝を曲げるまで身体を下げて踊ることは少なく、男性は、極限まで膝を曲げた状態で軽くジャンプをする『ライモンダ』の「サラセンの踊り」などが、最も低い位置での踊りである。

フォーキンの振付では、上方はプティパとさほど相違はないが、下方は、男性の踊りの場合、逆立ちや床の上での前転後転、床に滑り込むスライドなど、プティパは用いなかった床の上での様々な動きが用いられている(『ポロヴェッツの踊り』『火の鳥』の妖怪たち等)。ロシアの豊富な民族舞踊を取り入れたと思われるこれらのフロア・ワークは、その後現在にいたるまで、様々なダンスのジャンルで効果的な舞踊語彙として盛んに使われ、舞踊芸術の表現を広げている。

◆(c)重心の位置について

バレエでは基本的に重心を高く引き上げて保ち、プティパの作品も同様である。それに対しフォーキンの作品では、『ペトルーシュカ』のムーア人のように、役柄によって重心を非常に低く保つ振付も行われている。二〇世紀以降バレエを拒否して作られた、動きで心の叫びと言えるようなものを表現したモダンダンスなどでは、バレエに比べて常に重心が低い。天上的ではなく地上の人間の内面の様々な表現に、地面をしっかり踏みしめる、あるいは踏みつける低い重心は適していることが多いからである。

◆(d)腕の動きについて

バレエでは腕のポジションと、ポジションからポジションへの道筋が決められており、腕はそれ以外の道筋は通らない。プティパの振付は、そのポジションと道筋を厳格に保っており、それによって脚同様、歪みのない美しい幾何学模様のポーズが作り上げられている。

フォーキンの振付では、腕のポジションは守られていないことも多い。『ペトルーシュカ』の主役ペトルーシュカは、体を捻じ曲げるように腕を

右上から時計回りに、ペトルーシュカ、人形使い、ムーア人の人形、バレリーナの人形

体の前で交差させたポーズが有名であるが、このような腕のポーズは、内気な弱々しい性格の雰囲気を醸し出すのに役立っている。

また、手はプティパの作品では、伝統的なバレエの指の形を保ちつつ、手首から先だけの動きはごくわずかで、手は基本的に腕全体の長さを作っている。

それに対しフォーキンの作品では、ペトルーシュカの部屋の中でのソロのように、キャラクターを描くために、時折、身体は動かさず、手だけの動きを目立たせることも行われた。

◆(e) 身体の向きと姿勢

皇帝に見せるためのバレエであったプティパの作品では、ダンサーは基本的に正面か、斜め四五度か、横向きに立ち、頭は上体の上に傾かずに真っ直ぐにのり、顔は正面を向けることが最も多い。そして、後ろ向きで踊り続けたりポーズをとることは非常に少ない。姿勢は、腰から頭の先端までを真っ直ぐに保ち、背中から頭頂にかけて歪みのないラインを作る。演技のためにうつむいたりうなだれたりすることはあっても、そういったポーズが、その人物を特徴づけるポーズになることはない。

一方、フォーキンの振付では、プティパの用いた身体の向きや姿勢以外に、古代エジプトの絵をモデルにした『クレオパトラ』などでは、身体が正面を向きながら頭ははっきりとコントラストをつけて横向きになったり、『ショパニアーナ』や『ペトルーシュカ』のペトルーシュカのように、たえず斜め下向きにうつむいて陰影のあるポーズをとったり、『ショパニアーナ』や『瀕死の白鳥』のように後ろ向きで踊ったりポーズをとるものも少なくない。姿勢は、背筋を真っ直ぐに保つ以外に、ペトルーシュカなどは猫背を保ち続けている。

以上、フォーキンの演出振付とプティパのそれを様々な側面から比較検討してきたが、ここから明らかになることは、フォーキンの「新しいバレエ」は、一九世紀のプティパの創作法を否定したというよりも、プティパが創作で行っていないありとあらゆる隙を見つけて、それを埋めてゆくことで、バレエという芸術ジャンルの内容をより豊かにし、表現の幅を広げたということである。つまり、フォーキンの「新しいバレエ」は、本人が語るようにプティパを否定したバレエの革新というよりもむしろ、バレエの伝統の発展だったと言える。ただし、フォーキンが埋めた隙の部分のみを取り上げれば、それは、クラシック・バレエを否定したモダン・ダンスの始まりとも言えるものだった。バレエ・リュスでフォーキンの作品の名演で爆発的人気を博し、やがてフォーキンの次の振付家となったワツラフ・ニジンスキー（一八八九〜一九五〇）の創作が、まさにフォーキンの創作をジャンプ台とした作品としてのモダン・ダンスの始まりだったのである。

〔第九章〕

ロシア革命後のモダン・ダンスの波——ニコライ・フォレッゲルの芸術

ロシアの舞踊芸術と言えば、『白鳥の湖』に代表されるような、クラシック舞踊の動きが作品の語彙になっている「クラシック・バレエ」が有名であり、クラシック舞踊を用いない（つまりバレエの動き、ステップを拒否した）「モダン・ダンス」は、ソ連崩壊まで存在しなかったと思われがちである。実際、一九三〇年代半ばからソ連崩壊までは、クラシック舞踊の語彙で作られたクラシック・バレエが神聖視され、クラシック舞踊をベースに、その規範から外れる自由な動きを加えた「モダン・バレエ」の創作は当局から歓迎されずとも可能ではあったものの、クラシック舞踊を用いないモダン・ダンスを上演することは、全く不可能だった。

しかし、一九一七年の革命を経て一九三〇年代初めに至るまでのアヴァンギャルド芸術の時代には、ロシアの舞踊界でも様々なスタジオや私立の舞踊学校が設立され、新時代にふさわしい新しいダンスを求めて、実験的な創作が盛んに行われていたのである。二〇年代には、型にとらわれずに感情の赴くままに踊ったアメリカ人イサドラ・ダンカンの学校や（設立一九二一年）、その弟子たちのスタジオ（チェルネツカヤ、ルキン、マイヤなど）、音楽のリズムや感情のイメージをいかに早くマスターするかを研究して即興のダンス創作法を教えたジャック・ダルクローズの研究所、いかなるステップも拒否し、ほとんど不動で、心理体験をミミックで表現する「ドラマ・バレエ」のジャンルを生み出したシャルムィトワのスタジオ等々が現れた。

そして、この時代発表された作品の中で最も際立っていたのが、第一〇章で扱うカシヤーン・ゴレイゾフスキー（一八九二〜一九七〇）と本章のニコライ・フォレッゲル（一八九二〜一九三九）の創作だった。

ゴレイゾフスキーは、クラシック舞踊を基盤とし、官能的で瑞々しい感性にあふれる小品を創作した。彼は、モスクワのボリショイ劇場と自ら率いる小劇場で創作を行っていたが、スターリン時代に片田舎の劇場に左遷されてしまった。とはいえ、六〇年代にはボリショイ劇場に戻って優れた作品を生んだこともあって、九〇年代にはボリショイ劇場で彼の作品の復元が行われ、彼が今世紀のロシア・ソヴィエトの最も優れた振付家の一人であることは再確認されている。

ニコライ・フォレッゲル

　しかしフォレッゲルに関しては、十月革命後、演劇の鬼才演出家メイエルホリドが唱えた「演劇の十月」に匹敵する「ダンスの十月」を唱えてダンスの革命のリーダーとなり、身体表現と大衆娯楽をベースにした、工業化時代にふさわしい新しいダンスを作り上げたにもかかわらず、その創作活動は、未だ十分に明らかにされていない。おそらくその理由の一つは、フォレッゲルが、ロシアの舞踊界のレパートリーとして後世に作品を残してゆくような大劇場で作品を作らなかったことから、残存している資料が乏しいためである。ソ連時代には、モダン・ダンスを研究の対象とするのが難しかったということもある。そしてさらに、彼がメイエルホリド同様身体の動きに注目し、心理描写よりもダンスのフォルムの追究に力を注ぎ、しかも、一つの一貫した物語の作品ではなく、独立した小品のつなぎ合わせであるディヴェルティスマンを作ることが多かったため、伝統的にダンスでの心理描写を好むロシア・ソヴィエト・バレエの人々が、その作品に向き合う必要性を感じてこなかったからではないかということも考えられる。

　しかし、世界でダンスの形態が多様化してフォルムのみの追究も盛んに行われている近年、フォレッゲルの創作の研究は、重要性を帯びてきているように思われる。アメリカでは七〇年代に、フォレッゲル自身の論文と彼を高く評価した論文が出ており、一九八三年には、メイエルホリドの『堂々たるコキュ』に続いて、フォレッゲルのダンス『馬との友好関係』の第一部が復元されている。ロシア・ソヴィエトでは、一九七〇年代前半と八〇年代半ば以降にフォレッゲルへの関心が高まったが、特に一九八八年に書かれた『音楽生活』誌の論文は、彼の芸術を、音楽舞台芸術の歴史的遺産であるとまで評している。さらに、二〇〇一年には、大部ではないが、アレクサンドル・チェパーロフ著のフォレッゲルのモノグラフ『嘲笑好きの運命』も出版された。

I　新しい演劇の探索

まず、フォレッゲルの創作活動を、年代を追って見てゆこう。

フォレッゲルは、二〇世紀末にロシアでもコンテンポラリー・ダンスが普及するまでは、ロシアの長い舞踊史の中で、稀な経歴をもつ振付家だった。彼は、舞踊教育も音楽教育も受けずに、独学でパントマイムやダンスを研究して振付家になったのである。出身はキエフ大学法学部で、中世フランスの定期市の見世物について論文を書いて学位を取得している。

卒業後まず、一九一六年に、キエフからモスクワに出て行き、アレクサンドル・タイーロフ（一八八五～一九五〇）主宰のカーメルヌイ劇場に入って、タイーロフの弟子として働いた。

一九一七年二月に劇場が資金難で閉鎖されると、活動の場をペトログラード（現サンクト・ペテルブルグ）に移し、ラヴェルやドビュッシーなど同時代の音楽でダンスの創作を開始する。

そして一九一七年の革命の後、モスクワの自宅を使って作品を発表しはじめる。プログラムは『四つの仮面の劇場』というシリーズで、文学と、中世フランスの宮廷で行われたファルスと一七〜一八世紀のコンメディア・デラルテをベースにした風刺作品であった。この試みはある程度評判を得たが、当時の観客が古典復古主義に関心を失ったこともあり、間もなく劇場は閉鎖される。

この後すぐ、若い詩人で戯曲作家、文芸評論家のウラジーミル・マッス（一八九六〜一九七九）の協力を得て、革命後の社会に現れた新しいタイプの人物を多く登場させた風刺劇場を創設する。そして、当時は赤軍や地方の住民に向けてソヴィエト政権につくプロパガンダの作品を上演することが奨励されていたため、フォレッゲルとマッスも、アジプロ演劇を開始し地方巡業を行った。政治的ユーモアを含んだこの時期の作品は、身体運動よりも意味に重点を置いたものであり、舞踊芸術の探索というよりも、新しい演劇の探索と言えるものだった。

II　マストフォル

一九二二年、フォレッゲルは再びモスクワに戻り、風刺劇場の弟子たちをメンバーとして、劇団マストフォル（フォレッゲル工房）を結成する。このグループの活動が、フォレッゲルを世界的に有名にすることになるのである。

一九二二年に彼は、マストフォルの方向性を示すマニフェストを発表している。そこでは、メイエルホリドが考案した俳優のための身体訓練「ビオメハニカ」に賛同が示され、かつ、「作品の正確さ、シンプルさが必要であること、機械に学ぶべきであること、アカデミックにならないようにすること」が強調されている。フォレッゲルは、未来の芸術はダンスと映画であると考え、チャップリンの演技がこのマニフェストのモデルとなった。

マニフェストを作品で実現させるべく、フォレッゲルが考案したダンサーのトレーニング・メソッドが、「タフィヤトレナージュ」である。このメソッドの基本は、「ダンサーの身体を、楽器として使うこと、ダンサーの意思によりコントロールされるメカニズムとして使うこと」である。つまり、「ダンサーの身体を機械と考え、意思通りに動かせる筋肉を機械の操縦者と考えるならば、情熱が機械を動かす燃料となる」という考え方を基にしたものである。

具体的には、この訓練には四〇〇のエクササイズがあり、脚だけ、腕だけでなく、体全体が均一に発達してゆくように、そして、強度の高い踊りを生み出すことができるように、筋力や跳躍力、攻撃性をつける訓練、パートナーの重さを負荷したうえでの動きなどの訓練が含まれている。マストフォルのダンサーたちの写真を見ると、その無駄のないフォルムや柔軟性から、優れた訓練が行われていたことがうかがえる。

「タフィヤトレナージュ」の成果が最も発揮される有名な「メカニック・ダンス」や「機械ダンス」が登場するのは一九二二年秋のことだが、初期の作品から、舞台評によると、「フォレッゲルのアーティストたちの動きはアクロバティックだ」、「作品は鋭く多様な、思いもかけぬ手法で演出され、風刺小唄（チャストゥーシカ）やダンスがふんだんに盛り込まれている」と書かれている。マストフォルでは、このように身体の動きをとくに重視しながら、ネップ時代の風俗の風刺劇や、同時代の劇場のパロディー、公演当日の事件をネタにするバラエティーショーなどが行われた。それらは、同時代のアヴァンギャルド芸術の種々の要素を取り込んだものだった。

そのレパートリーは、大きく三つのジャンルに分けられる。

まず、左翼芸術家の活動をもじった二〇分ほどの寸劇で「シアトリカル・パレード」と呼ばれるもの。例えば、メイエルホリドのビオメハニカのパロディーでメイエルホリドの作品と同題の『夜明け』や、当時オペラ劇場の芸術監督になることをもくろんでいた演劇の演出家ネミローヴィチ＝ダンチェンコをからかう『どんな賢者にもオペレッタは一つで十分』（オストロフスキー作『どんな賢人にもぬかりはある』のパロディー）等々である。これらは観客の爆笑を買う種のものだったが、その根底にあるテーマは、新時代にふさわしい新しい芸術を求めて進路を模索していた左翼芸術家のもがきを映し出しながら、革命劇場の進路を見出そうとしたものだった。

第二のジャンルは、前述のジャンルよりも際立っていたレパートリーで、「パレード」と呼ばれるキャバレー・スタイルの芝居だった。ここでは、音楽にジャズが用いられ、同時代人がコンメディア・デラルテの登場人物に重ね合わせられて登場した。最も頻繁に登場させられ風刺されたのは、皮のジャケットを着てブリーフケースをもった女性コミュニストやネップマン、革命に自分を従わせたシンボリストの作家や詩人ベールイ、ブロークやイマジニストの詩人エセーニンやシェルシネェーヴィチ、そして、即興で自由なダンスを踊り二〇世紀初頭から世界を騒がせたイサドラ・ダンカンだった。アメリカ人のダンカンは、前述のようにモスクワにダンスの学校を開き、舞台で裸足、半裸で即興のダンスを踊り、労働歌『インターナショナル』に合わせて赤いスカーフを振りながら踊ったときに詩人セルゲイ・エセーニン（一八九五〜一九二五）と出会い、結婚した。

このジャンル「パレード」の劇では、アクロバット、コーラス・ライン、コサック・ダンスが頻繁に用いられた。ちなみに、フォレッゲルの作品では、通常、ケイクウォーク、シミー、フォックストロット等々、当時流行していたありとあらゆるダンスが用いられた。

「パレード」では、通常の芝居の構造、流れが故意に避けられ、突然の中断やリズムの転換（シンコペーション）が頻繁に現れるのも特徴的だった。それにより、観客には多量のショックが与えられ、観客の方は、大爆笑でそれに応えたのだった。これらの辛辣な芝居は、スピーディーかつ時事的で、厳密に虚構、空想を避けており、一種の同時代のサーヴェイの意味合いをもっていたと言える。

フォレッゲルが協力者に恵まれていたことも、マストフォルの成功の大きな要因であった。脚本を担当したマッスは、のちにセルゲイ・エイゼンシテイン（一八九八〜一九四八）の映画の協力者となった。衣裳はエイゼンシテイン、美術はやはり、映画でもエイゼンシテインの相棒となるセルゲイ・ユトケーヴィチ（一九〇四〜八五）が担当していた。

III 『馬との友好関係』の成功

フォレッゲルの名声を一気に高めることになるのが、「パレード」のジャンルの最高傑作『馬との友好関係』である（初演一九二一年一二月三一日～一九二二年一月一日）。マストフォルと親密な関係にあったアドヴァイザー、ウラジーミル・マヤコフスキー（一八九三～一九三〇）の同名の詩を下敷きにした作品である。詩の内容は、通りで倒れた辻馬車の馬を囲んで人々が驚き喜ぶ中、一人の詩人だけが馬の目に涙を見、詩人との心の結びつきに励まされて、馬はうれしそうに駆け去るというものである。一方、二幕仕立てのマストフォルの芝居では、まず、第一幕は、最初に馬のマスクを被った俳優を登場させて、周囲の人間の馬の様子に対する反応を、社会の様々なタイプの人間の風刺として、コミカルに辛辣に表現する。そして同時に、公演当日のニュースについての話し合いを進める。

第二幕では、馬が回復し、コミカルなダンスや歌による、西欧風の風刺キャバレーのショーが展開される。ここでもダンカンは風刺の対象となり、赤い半透明のベールの中で、ダンカンが一人の男に弄ばれながら、ショパンのノクターンを踊る場面などが登場する。この曲は、革命四周年記念の際に、ダンカンがレーニンの前で踊ったものである。その場面では、ダンカンの腕の上げ下げがプロレタリアートの力の安定、不安定を示すことを、傍観者の司会者が実況説明した。

『馬との友好関係』でとくに評判になったのは、西欧のキャバレーのパロディーである第二幕だった。まず、当時非常に斬新な音楽として響いたジャズが使われ（ロシアで初めてジャズ・オーケストラの演奏がおこなわれたのは一九二二年）、同時代のリズムを提供したのだった。さらに、ユトケーヴィチのアーバニズム的な動く舞台装置が衝撃的だった。動くステップ台や踏み車、吊られたり床に取り付けられたトランポリン、光るネオンサインや映画のポスター、回り舞台、宙を飛ぶライト等々。これらは、舞台裏で全て人間が操

エイゼンシテインがデザインした衣裳

作していたにもかかわらず、高度に機械化された印象を与えたのだった。加えて、エイゼンシテインが制作した斬新な衣裳も、強烈な印象を与えた。特に女性の衣裳は、フープをカラフルなリボンや紙テープで吊しただけのスカートで、ダンサーのボディラインを露にする奇抜なものだった。これも資金不足で布地を用意できないゆえのアイデアだったにもかかわらず、人々を驚嘆させてしまった。

『馬との友好関係』はセンセーショナルなヒットとなったが、その半面、対立者たちからは、「西欧音楽のプロパガンダ」「衣裳がハレンチ」といった攻撃を受けることになった。

一九二二年春初演の「子供のひったくり」でも、斬新な演出が話題を呼んだ。ここでは、映画のプロジェクターからの光のように見えるスポットライトの前に、急速に回転するディスクを置き、それによって明滅する光で、行動のテンポとシーンの変化が「狂気のギャロップ」のようになった。一九二二年の『エルミタージュ』誌の評は、「動きを愛し熱狂的騒ぎに親しんで、フォレッゲルは言葉が舞台芸術の単なる補助的役割でしかないことを知った」と書き、その演出については、「彼は、熱狂し酔いしれる町の声を描いている。それが、新しいサウンドと動きを誕生させているのだ」という印象を述べている。こうしてフォレッゲルは、自分の目指してきた「身体表現による大衆娯楽」の一つの形態を成功させたのだった。

Ⅳ　メカニック・ダンスと機械ダンス

フォレッゲルの身体表現の探索はさらに続けられ、精度を高めていった。

一九二二年秋、彼は、レパートリーの第三のジャンルであり、彼を世界的に有名にした「メカニック・ダンス」と「機械ダンス」のシリーズを発表して絶賛される。

「メカニック・ダンス」は、機械が生きた存在として描かれたもので、例えば、「パストラル」という作品では、No.1とNo.2と呼ばれるダンサーが、愛し合う機械の役を踊った。幾何学模様のメーキャップで、音楽はミニマルなピアノ曲を用いていた。フォレッゲルの創作について書かれた一九八八年『音楽生活』誌の記事では、この踊りが現在のブレイク・ダンスによく似たものだったと述べられている。

「機械ダンス」は、人間の内面は一切見せずに、機械の動きを身体で表現したものである。例えば、『列車』という作品では、駅での小さなエピソードの後、ダンサーたちが一列に並び、反

「メカニック・ダンス」

り返った金属板の上でタップ・ダンスを踊る。列車が速度を増すシーンでは、ダンスのステップが次第に激しくなり、レールの継ぎ目では、ステップがシンコペーションになる。そうこうするうちに、やがて舞台は暗くなり、助監督がダンサーたちに火のついたタバコをわたすことで小さな明かりのラインが現れ、夜汽車のイメージが出来上がった。この作品について、ニューヨーク・タイムズ紙には、「でこぼこのロシアの線路を走る夜汽車のイメージ。幻想的だ」という評が掲載された。

『トランスミッション』という作品では、三メートル離れて立つ二人の男性のそばを、女性たちがベルトコンベアのように細かい歩みで動き、『ノコギリ』では、体の非常に柔らかい女性ダンサーの腕と脚をつかんで、弓形に体を曲げたポーズで揺らすという動きが行われた。「機械ダンス」の音楽には、フォレッゲルの提案で、ホイッスルや金属、壊れたガラス等を使った騒々しい「擬声音」が使われた。

「芸術は生産と結びつく」という当時の人々を捉えた理念を、フォレッゲルの作品は見事に具現し、しかも、

「機械ダンス」

鍛え抜かれたダンサーの動きが美しかったため、「メカニック・ダンス」と「機械ダンス」は絶賛された。一九二三年には、これらの作品の規模をさらに大きくした工場の生産プロセスを描く作品を発表し、複数のグループがギア、レバー、モーターなどの動きのダンスを同時に見せた。このスケールの大きなダイナミックな作品により、フォレッゲルの「機械ダンス」はさらに大きな称賛を得た。

外国特派員のR・ミラーはフォレッゲルの作品を見て、一九二六年に次のように分析している。

「それは、新しい機械の神をダンスで祝福するかのようだった。彼らの身体は、精密に組み立てられた機器になった。彼らはもはや動くのではなく、機能していた。フォレッゲルが達成したものは、生き物の映画化であり、ダンスによる人間のメカニズムの分析である。それらは、心理、機械、サイコ・テクニックの徹底的な研究によって行われた。この新しいダンスは、人間のオーガニズムの最も普遍的な動き、個々人のではなくユニヴァーサルなリズムを表現しようとしているのだ」

このように、フォレッゲルの「メカニック・ダンス」と「機械ダンス」は国内外で高く評価された。にもかかわらず、一九二三〜二四年のシーズンになると、彼の芸術は厳しい非難の嵐に遭うことになる。その理由の一つには、常に財政難のマストフォルの資金集めのために、彼がネップマンたちの好みに合わせたエロティックな作品も上演していたことが挙げられる。しかしそれ以上に、教育人民委員ルナチャルスキーが、一九二三年に芸術の古典への回帰を訴えたことが大きく影響しているだろう。

非難の嵐に追い打ちをかけるように、一九二四年末には、一九二二年にアルバート通りに入手した常設劇場が、客席から発生した原因不明の火災により焼失した。そして再開の許可が下りずに、結局、マストフォルは解散に追い込まれてしまったのである。

V　フォレッゲルの作品の消滅とその後のロシア舞踊界の進路

フォレッゲルはマストフォル解散後、ペトログラードを本拠に、細々と実験的創作を続け、その後、一九二九年から三〇年代初めまで、当時のウクライナの首都であったハリコフに新設されたオペラ・バレエ劇場で、首席バレエマスターとして働く。ここで彼は、一九三〇年に、最後に名を残すことになった作品であるミハイル・フォーキンのバレエのパロディー三部作――『黒鳥』（『瀕死の白鳥』のパロディー）、『ポロヴェツの踊り』（フォーキンを世界的に有名にしたバレエ・リュスでの作品の一つ）、『アラゴンのホタ』を発表する。

首都モスクワを離れることを余儀なくされ、地方のオペラ・バレエ劇場で、フォレッゲルが活動の晩年にフォーキンの作品のパロディーを創作したことには、深い意味があるように思われる。

一九世紀まで、物語と密接に結び付いていた舞踊芸術は、二〇世紀に入り、意味よりもフォルムを重視する傾向と、意味や心理表現を第一に考える傾向に分かれて発展してゆく。二〇世紀初頭のロシア・ソヴィエトにおいて、前者のダンスへ向かったのが、まさにフォレッゲルであり、後者へ向かったのが、内面と身体表現の一致を求めたフォーキンだった。そして、フォーキンの創作法が継承され、フォレッゲルの創作が闇に葬られることにより、ロシアは、世界で唯一、意味性を重んじるダンス形態を主流として発展してきた国となったのである。

フォレッゲルが創作したフォーキンの作品のパロディーは、活動を断ち切られた彼の、社会や運命への最後の抵抗だったように思われる。『瀕死の白鳥』のパロディー『黒鳥』は、左の翼を折られて舞台に登場し、フォーキンの白鳥が顔を床に伏せて息絶えるのに対して、仰向けに倒れて死んでゆくというものだった。

〔第一〇章〕

カシヤーン・ゴレイゾフスキーのアヴァンギャルド・バレエ『美しきヨセフ』、『竜巻』

カシヤーン・ゴレイゾフスキー（一八九二～一九七〇）は、サンクト・ペテルブルグのマリインスキー・バレエ、モスクワのボリショイ・バレエでダンサーとして活躍した後、一九一五年から創作活動を開始した。彼は二〇世紀初頭に先陣を切ってバレエ芸術の改革を行ったアレクサンドル・ゴールスキーとミハイル・フォーキンに続くバレエ改革者として、大きな注目を集めた。

ゴレイゾフスキーの活動は大きく三期に分けることができる。第一期は、一九二〇年代までの、ロシア・アヴァンギャルドの芸術家と行動を共にして新しいバレエの探索に取り組んでいた時期、第二期が、一九三〇年代から五〇年代までの苦しめられたスターリン時代、地方の共和国に左遷されて民族舞踊の採集を行い、民族舞踊のバレエ化に取り組んだ時期、そして、第三期が、一九五九年にモスクワのボリショイ劇場に復帰してから亡くなる一九七〇年までであり、この時期に、第一期と第二期の探究の総まとめと言える作品を、ボリショイ劇場のレパートリーに残した。この第三期の作品は、彼の信奉者であるマイヤ・プリセツカヤ（一九二五～二〇一五）やウラジーミル・ワシーリエフ（一九四〇～）といったロシアを代表する世界的ダンサーたちにより一九九〇年代初めに復元され、現在はその才能が多くの人々に崇敬されている。そこで本章では、アヴァンギャルド芸術家としてのゴレイゾフスキーの創作を検討するために、第一期の代表作『美しきヨセフ』と『竜巻』を取り上げることにしたい。

カシヤーン・ゴレイゾフスキー

I　ゴレイゾフスキーの主な活動

作品の分析に入る前に、まず、ゴレイゾフスキーの主な活動をまとめておこう。

彼はモスクワ舞台芸術学校（現モスクワ・バレエ・アカデミー）でバレエを始めるが、一九〇六年にペテルブルグ舞台芸術学校（現ワガーノワ・バレエ・アカデミー）に転校する。一九〇九年、バレエ学校卒業と同時にペテルブルグの帝室マリインスキー・バレエ入団、同年のうちにモスクワのボリショイ・バレエへ移籍、ダンサーとして働く。一九一五年に、モスクワの様々なミニアチュア（小品集上演の）劇場——インチームヌイ劇場、マモントフ劇場、キャバレー・シアター『蝙蝠』等で振付を開始し、マヤコフスキーら未来派との活動も始まった。そして翌年には、自らの小劇場を創設し、数多くの実験的な作品を発表する。

一九二二年以降、彼の小劇場は、モスクワ・カーメルヌイ・バレエの名でロシア芸術界の実験活動の中心的役割を果たすようになった。同年に、革命劇場でメイエルホリド演出『リュリ湖』の振付担当、革命劇場でメイエルホリド演出『D. E.』の振付担当。そして、カーメルヌイ・バレエを離れ、フリーでの活動に入り、実験劇場とボリショイ劇場支部で『美しきヨセフ』を初演する。同年、ボリショイ劇場支部で『竜巻』も演出するが、公開総稽古で不評、失敗とされ上演されなかった。

一九二八／二九年には、モスクワとレニングラードのミュージック・ホールで演出振付を行いながら、クリーゲルが創設したモスクワ芸術バレエ（現ネミローヴィチ＝ダンチェンコ記念モスクワ音楽劇場バレエ）で『カルメン』ほか、モスクワ・ボリショイ劇場で民族舞踊を取り入れたバレエの演出振付を行い、ハリコフのウクライナ国立オペラ・バレエ劇場で『眠れる森の美女』の新演出を行った。また、ミンスクのボリショイ・オペラ・バレエ劇場で『バフチサライの泉』の新演出、ドゥシャンベのタジック・オペラ・バレエ劇場で民族舞踊バレエ演出振付、モスクワ・ボリショイ劇場で小品集振付と、『スクリャービアーナ』演出振付を行っている。

一九六四年には、モスクワ・ボリショイ劇場で『レイリとメジヌーン』を演出振付、ゴレイゾフスキーの信奉者である名舞踊手ウラジーミル・ワシーリエフ等々が主演し大きな評判を呼び、古巣での活躍が多くのダンサーや観客に期待されたが、一九七〇年に死去してしまった。

II　アヴァンギャルド・バレエの代表作『美しきヨセフ』

バレエ『美しきヨセフ』は、ゴレイゾフスキーの活動第一期の頂点に立つ作品である。まずモスクワの実験劇場とボリショイ劇場支部で一九二五年に初演され大成功を収め、そのシーズンに一七回も上演された。ところが、その後は、一九二六年にオデッサ、一九二八年にハリコフで上演されたのち、舞台に載せられることはなかった。

第一期の頂点に立つ『美しきヨセフ』を検討することは、ゴレイゾフスキーの芸術を理解するうえで非常に重要である。にもかかわらず、この作品は、上演が行われてこなかったために十分に研究されてきたとは言えず、バレエ史上の位置づけも不十分なままにされている。「構成主義の美術を初めて用いたバレエ」、「抑圧に屈しない美」といったロシアの研究者の評価が散見されるが、この作品には、そのような評価に留まらないロシア舞台芸術史上の重要な意義があると考える。そこでこの章では、バレエ『美しきヨセフ』の台本、ゴレイゾフスキーの覚書、舞台を見た人々の回想などを検討して、この作品のロシア舞台芸術史上の意義を明らかにしてみたい。

1 ゴレイゾフスキーの創作の特徴

まず、バレエ『美しきヨセフ』を検討する前に、ゴレイゾフスキーの創作全般に共通する特徴を明確にしておこう。『美しきヨセフ』の創作の方向性を規定しているのも、この特徴だからである。

ゴレイゾフスキーは、幼少から詩を愛して詩集も出版し、絵をシンボリストの画家ヴルーベリに学び、ペテルブルグ舞台芸術学校でフォーキン（第七、八章参照）に振付理論を学んだ。そして卒業後は、モスクワで、ゴールスキーと、バレエ・リュスに参加したミハイル・モルドキン（一八八〇～一九四四）の二人に振付を学び、一九一五年には詩人ウラジーミル・マヤコフスキーを中心とする未来派のグループに加わっている。それゆえ彼の創作には、これらの影響が様々な形で表れている。すなわち、バレエ・リュスの最初の振付家フォーキンが一九世紀のバレエに反発して試みた一幕ものなどの小形式バレエの創作、フォーキン、ゴールスキー、モルドキンの行ったクラシック舞踊の語彙（表現のための種々の動きの総体）の拡大、個人的な感情を重視した象徴的表現、それとは対極にある未来派的な、集団による大規模なエネルギーの表現等々が挙げられる。しかし、これらの影響は、模倣にも折衷的にもならず、ゴレイゾフスキーの本質を生かす形で取り入れられている。そしてその本質とは、多くの人々が語っていることであるが、彼が「バレエで語る詩人」であるということ、豊かなイメージ、瑞々しい繊細な感情をはらんだ象徴的なバレエの創作者であるということである。

ゴレイゾフスキーの創作は、クラシック舞踊を変形させた独自の語彙で構成された感情表現そのものであり、象徴派や未来派の芸術運動に参加しその表現方法を利用したとはいえ、本質的には、舞踊で感情を描くために独自の表現を貫いた振付家、非常に個性的な振付家であると言える。一九二〇年代後半、ミュージック・ホールでのマス・ゲームのような集団によるショーの振付でも成功を収めながら、やがて、個人的で複雑な感情表現や詩情が革命後の時代にふさわしくないと批評家たちに批判されるようになるのは、右に述べた彼の芸術の本質である独自の感情表現が創作に必須のものであり、最も重要であったからだろう。この独自の表現がどのようなものであったかということを、作品を具体的に検討することにより明らかにしていきたい。

感情やイメージを表現するためにゴレイゾフスキーは、物語（台本）という言語表現から離れ、同時代の振付家フョードル・ロプホーフ（第一一章参照）と同様、音楽のみを振付の基盤として音楽を視覚化するダンスシンフォニーのジャンルへと向かった。しかし、ロプホーフが、リズムやポリフォニーなどの音楽の構造を舞踊として視覚化しようとしたのに対し、ゴレイゾフスキーは、自分の鋭い感性のプリズムを通して音楽から汲み取った感情やムードを舞踊として視覚化するという、全く異なるアプローチのダンスシンフォニーを作り上げた。

このようなゴレイゾフスキーのダンスシンフォニーは多幕ものには成りえず、小品の作者であることを非難する声もあった。そこで、多幕ものの演出力を示すために創作されたのが、六つのエピソードから成る二幕ものバレエ『美しきヨセフ』だったのである。

2　バレエ『美しきヨセフ』

◆台本について

バレエ『美しきヨセフ』は、旧約聖書のヨセフの物語からの抜粋であるが、旧約聖書の細部を改変している。バレエを検討する前に、まずバレエの台本を要約しておこう。

第一部

カナンの地の丘陵。父に溺愛されているヨセフに兄弟たちは嫉妬し、ヨセフが一人家畜の番をしているときに、背後から撲殺しようとする。しかし、ヨセフに気づかれ企みは失敗する。兄弟たちは殺意があったことをごまかすが、ヨセフは暗い気持ちになる。

キャラバンがやって来て、野営する。商人はヨセフを見てその美しさに魅了され、兄弟にヨセフを買いたいともち掛ける。長男が承諾して、取引が成立する。キャラバンの奴隷たちが新しい奴隷であるヨセフを捕らえにゆく。ヨセフは逃げ回るが逃げきれず、縛られて駱駝に乗せられる。キャラバンが去ってゆき、荒野に静けさが訪れる。

第二部

ファラオの宮殿。ファラオのポティファル、その妻タイヤフ、廷臣、戦士、神官、踊り子、奴隷などが登場し、祝典が始まる。ヨセフが板に載せられて運ばれてくる。タイヤフはヨセフの美しさに魅了され、彼を踊りで誘惑する。タイヤフは次第に大胆になり、ヨセフの衣服を剥ぎ取るが、ヨセフは彼女を避けて逃げる。

怒ったタイヤフは、ファラオにヨセフの衣服を見せ、彼に貞操を奪われたと訴える。ヨセフは神官による裁判にかけられ、一生牢獄に幽閉されるという宣告を受ける。ヨセフは地下に放り投げられる。酒宴が始まり、全員が踊り狂う。タイヤフは興奮して踊りの最中に床に倒れ込む。群舞が彼女を飲み込むように、その上に覆いかぶさる。

◆テーマについて

バレエ『美しきヨセフ』は、前述したように旧約聖書のヨセフの物語の一部を抜粋、改作した台本を基盤として、セルゲイ・ワシレンコ（一八七二〜一九五六）が音楽を書き、ゴレイゾフスキーが演出振付を行い、ボリース・エルドマン（一八九九〜一九六〇）が美術を担当した。作品のコンセプトをリードしたのは、ゴレイゾフスキーだった。

バレエで描かれているのは、父親に溺愛されるヨセフが、嫉妬する兄弟の陰謀で奴隷商人に売られ、カナンからエジプトに連れて行かれ、無実の罪を着せられるまでであるが、旧約聖書ではヨセフを買うのがファラオの侍従長であるのに対し、バレエではファラオ自身になっていること等々、旧約聖書の記述と異なる点が少なくない。「これらの改変は、史実を物語にするためである」とゴレイゾフスキーは語っており、また、舞台を見た音楽・舞踊学者スロニームスキーは、「ゴレイゾフスキーにとって筋は重要ではなかった」と書いている。これらの言葉から推察できるのは、ゴレイゾフスキーの創作意図は、旧約聖書の内容をバレエで伝えることではなかったということである。

前述したように、心理や感情の表現が振付の目的であるゴレイゾフスキーにとって、おそらく重要であったのは、旧約聖書とは全く異なる形象として物語に入れ込んだヨセフの心理描写だった。ゴレイゾフスキーは、台本の最後に登場人物についての説明を加えているが、そこで、ヨセフについては、とくに詳しい解説をつけている。その解説によれば、旧約聖書からうかがえるヨセフ像は、「背が高く、たくましく、髭を生やしている」のに対し、バレエのヨセフは、「小柄で若々しく、美しい身体をもち、髭がなく、女性的な柔和な性格で、赤ん坊のように無垢」な存在と設定されている。また、「ヨセフはどこにいても周囲とはっきり区別できる。それは、単に彼が外見的に美しいからではなく、皆が彼という人物に心惹かれてしまうからである。このような美しさこそが、何よりも重要だからである」とも語っている。ヨセフの性格づけへのこうした熱の込めよう、そして、ヨセフの心理描写のいくつものソロの踊りが、作品の要所を占めていることから考えられるのは、ヨセフに込められた形象が、ゴレイゾフスキー

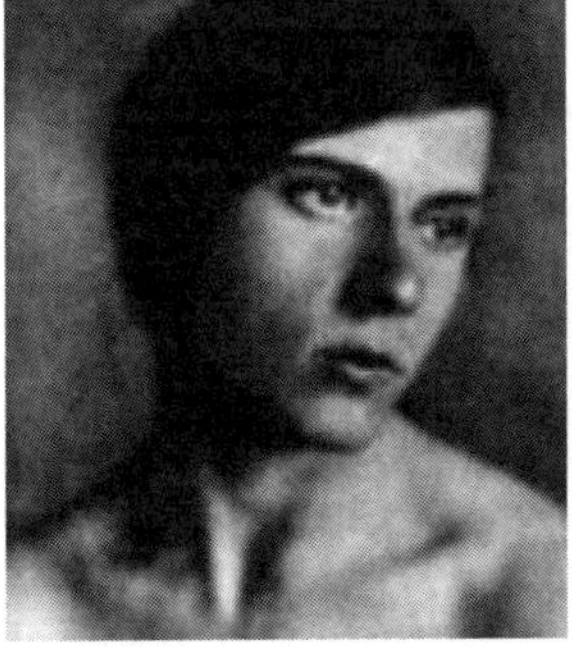

ヨセフ役のワシーリー・エフィーモフ

にとって非常に重要なものであったにちがいないということである。

ちなみに、『美しきヨセフ』は、一九世紀のロマン主義バレエのスタイルをそのまま用いて創作され妖精が主人公となる『テオリンダ』とともに初演され、この二作品を並べて上演した意図について、様々な意見が語られてきた。「一九世紀バレエに対するアイロニーである」、「『美しきヨセフ』の新しさを『テオリンダ』との比較で明示する」等々。しかし、前述したヨセフの形象の重要性を考えると、『テオリンダ』との並置の意図は、一九世紀のバレエの中の妖精という純粋無垢な美しさの象徴のような存在というテーマが、二〇世紀の新しい舞踊ボキャブラリーや演出を取り入れたバレエでは、どのように表現し得るかを証明することだったのではないだろうか。

二〇世紀初頭のバレエ改革者ゴールスキーやフォーキンは、一九世紀のバレエの繁栄の直後、バレエ芸術の生命の危機など念頭に置く必要がなく、もっぱら一九世紀の振付の巨匠プティパへの反逆を考えていた。その時代とは異なり、バレエを貴族の遺物と非難する者も現れた革命直後のロシア・ソヴィエトでクラシック・バレエの改革を目指した人々は、バレエ芸術の生命の存続をかけて、新時代にふさわしいバレエの表現の可能性を模索していたのである。

◆構成主義の美術

バレエ『美しきヨセフ』でこれまで最も注目されてきたのが、バレエでは初めて用いられた構成主義の美術である。装飾のないスロープや階段、台、照明効果を使って立体的に構成されたエルドマンの美術は、単に立体的であったことが新しかったのではない。『眠れる森の美女』などのプティパの原典版から明らかになる、存在をアピールせずに舞踊空間を包み込むインテリアであった一九世紀の美術とも、バレエ・リュスのフォーキンやニジンスキーの作品復元から明らかになる、鮮やかな色彩で舞台を支配し、時にはダンサーをその中に埋もれさせてしまうほどの二〇世紀初頭の美術とも異なり、エルドマンの美術はダンサーたちを載せることで様々に表情を変え、ダンサーの肉体を生かしながら刻々と形を変えてゆく、巨大な動く彫刻を創造した。このときバレエの美術は、初めて単なる装飾ではなく、機能するものとして演出に積極的に参加したのである。

ただし、このように様々なニュアンスを表現することが可能であったエルドマンの骨組みのみの構成主義的な舞台美術は、ゴレイゾフスキーのもとでは、未来派の多くの場合のように無機的なアーバニズムのスタイルを演出したのではない。ゴレイゾフスキーの芸術の本質である繊細で豊かな

構成主義の舞台美術

感情表現を補って、登場人物の内面を象徴化したり、ドラマの流れの一シーンとして高所からの飛び込みなどの、スケールの大きな振付のために利用されたのである。

たとえば第一幕のカナンのシーンでは、非対称の構図の台とスロープ、床の上を、ゆっくりとヨセフの友人たちの輪舞が進む。それによって、ヨセフが愛に包まれて暮らしている穏やかな優しい世界が、なだらかな丘陵に沿ったダンサーたちのラインで表現された。また、第二幕のエジプトのシーンでは、古典主義の特徴である厳格な対称形の構図のセットが宮殿のバルコニーとして用いられ、その上にファラオや家来たちを並べることで、ファラオを頂点とする揺るぎない権力社会が表現されたのだった。

ダンスにおける構成主義の舞台は、その後、『美しきヨセフ』に続く『竜巻』の上方空間を駆使できるセットや、フョードル・ロプホーフ演出振付『くるみ割り人形』（初演一九二九年、第二章参照）でのダンサーを載せるコーヒーカップや遮断機等々で、その演出効果が検証されてゆき、舞踊芸術の演出に定着することになる。

◆振付について

フォーキンとゴールスキーの次世代の振付家であるゴレイゾフスキーは、先駆者たちの改革の延長で、物語や気持ちを説明するマイムを排除し、クラシック舞踊（クラシック・バレエ作品の語彙となる動き）に独自の造形の動きを加え、雄弁でよどみない流れの踊りを作り上げた。

しかし、ここで重要なことは、フォーキンやゴールスキー同様、彼の創作の基盤にあるのはクラシック舞踊の伝統だということである。その基盤ゆえに彼の創作は、キャバレーのショーの大衆的なスタイルの作品でさえも、長い歴史をもつクラシック舞踊の豊富なテクニックや演出法を熟知しているゆえにこそ可能になる芸術性で、高く評価されたのだった。同時代に同様に注目を集めた振付家たち、専門的舞踊教育を受けずに機械ダンスを作ったニコライ・フォレッゲル（第九章参照）や、音楽畑出身者としての新たなダンスを試みたレフ・ルキン（一八九二〜一九六二）の創作が、その後のロシア・バレエ史のなかで発展を見せなかったのに対し、ゴレイゾフスキーの様々な試みが後世のユーリー・グリゴローヴィチ（第一二章参照）やボリース・エイフマン（第一三章参照）らに大きな影響を与え、彼らの演出振付の中で花開いていったのは、何よりもクラシック舞踊を熟知している振付の、高いプロフェッショナリズムのためであると言える。

後世に根付いたこの振付の要素は、『美しきヨセフ』でも際立った特徴になっている。具体的には、以下の三点である。

第一に、『美しきヨセフ』は、物語を基盤としているとは言え、前述したように、心理描写に重点を置いたシンフォニック・バレエの一種だったということである。ゴレイゾフスキーの最も愛した音楽家スクリャービンのスタイルに似たワシレンコの音楽が、心理の繊細な表現にふさわしかったことも大きな力となって、幸福なヨセフの無邪気な踊り、兄たちに不信感をもったときのヨセフの悲しみの踊りなど、数多くの印象深いシーンが記録に残されている。『美しきヨセフ』は作品として踊り継がれてこなかったとはいえ、音楽のリズム、構造、質感等々を丸ごと舞踊として具現化する、バランシンに代表されるシンフォニック・バレエとは異なる、音楽を基盤として、そこから感じ取った心理やムードを舞踊として表現するゴレイゾフスキーのシンフォニック・バレエは、小品の創作法として根付いてゆくことになったのである。

第二に、このバレエでは、男性の踊りが主となり、とくに第一幕では女性のソリストが登場しないことも重要な点である。バレエでは、一八世紀までは男性中心の時代であったが、一九世紀には女性中心の時代が訪れ、二〇世紀初頭のニジンスキーの登場あたりから男性のダンサーも前面に出始め、二〇世紀半ばには、再び男性優位のバレエも現れる時代がやって来る。『美しきヨセフ』の第一幕では、男性だけのパ・ド・トロワ（三人の踊り）があり、ヨセフが女性のように、男性に持ち上げられたり投げ上げられたりする斬新な試みさえ見られたのである。

第三に興味深いのが、第二幕のファラオの家来たちの群舞である。ここでは、王の動きに呼応するように群舞が踊るのであるが、その踊りでは、ロボットのように強張った動作、無表情のガラス玉のような目で、少し動いては止まって絵のように固まってしまうという現在の「ロボット・ダンス」のようなシーンが繰り返される。これはまさに未来派的な表現法であるが、内面の表現を重視するゴレイゾフスキーは、抑圧され個性の表出が許されない人々の表現のために、内面の表現を排除し、外的なフォルムとして表現する振付の手法を適用したのだった。非常に効果的なアイデアである。この手法も、後述するように、後の時代のロシア・バレエの作品で生かされ発展してゆく。

◆ロシア・バレエの伝統とアヴァンギャルド芸術の結合

以上の『美しきヨセフ』の分析で明らかになるのは、第一に、ゴレイゾフスキーが伝統を基盤としながら自分の独自性を生かした作品の中で、同時代のアヴァンギャルドの実験を取り込んで巧みに生かし、それを、ドラマ性を重視するロシア・バレエの伝統の中に根付かせ、その後発展してゆく形にしたということである。革命後の新しい世界にふさわしい新しい芸術を創造しようとして、伝統を否定しながら創作の実験を行い、ほとんどが自滅してしまったアヴァンギャルドの芸術家たちと、ゴレイゾフスキーの創作は一線を画している。

彼の『美しきヨセフ』の評価は分かれた。構成主義の美術を有機的に取り込みながら、美しい肉体を生かした動く彫刻や絵画のような新しい演出法の舞踊ドラマを作り上げたという称賛がある一方で、バレエの伝統が培ってきた身体表現の大きな可能性を十分に利用せずに、マイムに近い舞踊での表現に頼っているという批判も現れた。とはいえ、これまで述べてきたような、人物の内面の象徴としての構成主義美術の使用、心理やムードを表現するためのシンフォニック・バレエというジャンルの確立、個性の表出が許されない群舞の役のための、内面の表現を排除し外的なフォルムとして表現される未来派的振付——つまり、ロシア・バレエにおけるアヴァンギャルド芸術のその後の発展形態を、この作品ははやくも一九二〇年代に示していたのである。その意義は大きい。

そして第二に、ヨセフの両性具有的な、赤ん坊のような純粋無垢な存在の美しさは、ゴレイゾフスキーの生涯にわたる創作の核の一つであったと考えられる。これは創作第三期の一九六〇年にボリショイ・バレエの名舞踊手ウラジーミル・ワシーリエフに振り付けた『ナルシス』でも繰り返されるテーマである。『ナルシス』のテーマはさらに、それを発展させた、初演のニジンスキー版とは全く異なる演出の『牧神』として、長年かけて綿密に想が練られ続けていたが、上演が実現されないままゴレイゾフスキーは他界してしまった。

このテーマが革命後間もない時期の『美しきヨセフ』で誕生したとき、同時期にロプホーフは、ルソーの自然状態にユートピアを見ていたと考えられる（第一一章参照）のであるが、ゴレイゾフスキーの場合は、ヨセフのようなさらに原初的なピュアな人間の世界に、ユートピアを見ていたのではないだろうか。

結局、ゴレイゾフスキーは、本質的には、芸術にイデオロギーとは離れた繊細な詩的世界を求めていた。ダンスのアヴァンギャルド運動の旗手として、エネルギッシュにこの時代を駆け抜けたのは、純粋に表現手段の新たな可能性を渇望するゆえのことであり、その目的での実験によって、この時代の芸術表現の一つの流れを確実に担っていた、と結論できるだろう。

II 『竜巻』

前述したように、ゴレイゾフスキーの創作第一期は、アヴァンギャルドの芸術家と行動を共にして新しいバレエの探索に精力的に取り組んでいた時期であり、作品のほとんどはアカデミー劇場の外、小劇場で発表された。それに対し、ここで取り上げる一九二七年初演のバレエ『竜巻』は、『美しきヨセフ』と並んで、モスクワのボリショイ劇場の舞台に載せられた作品である。

しかし『竜巻』は、『美しきヨセフ』のように上演に至っていない。創作の実験のために使われていたボリショイ劇場支部の舞台において、劇場関係者や批評家などに公開した総稽古で、厳しい批判を受けたため、一般公開にまで至らずに上演不許可となってしまったのである。そのため、実際の舞台の記録となる資料は非常に少ないが、代わりにゴレイゾフスキーの詳細な演出ノートが残存している。その演出ノートから明らかになるのは、『竜巻』では、ゴレイゾフスキーのそれまでの小劇場活動での様々な実験が、代表作『美しきヨセフ』以上に駆使され、当時の保守的なボリショイ・バレエの作品にはない、アヴァンギャルド芸術とバレエの伝統の結合が見られること、さらにウィリアム・フォーサイスやボリース・エイフマンら二〇世紀末から世界のダンスシーンをリードしてきた振付家の演出で、斬新なアイデアとして高く評価されている手法の多くを、すでにゴレイゾフスキーがこのバレエの中で使用していたということである。

バレエ『竜巻』の研究に関しては、この作品がロシア革命一〇周年を祝うための革命を題材としたバレエであり、現在のロシアの人々の興味の対象になりにくいためか、一九九〇年代のゴレイゾフスキー作品の再評価の際にも注意が向けられず、十分な検討がなされないままになっている。わずかに、総稽古の際の厳しい批判をもとにしたN・シェレメーチェフスカヤやE・スーリツらの一九七〇〜八五年の簡単なコメントが残っているのみで放置されているという観がある。

そこで本章では、一九二五〜二七年の間に何度も書き変えられたゴレイゾフスキーの『竜巻』の台本と演出ノートの残存する版、および、一九二〇年代の小劇場での彼の活動とその集大成と言える『竜巻』の資料を検討しながら、『竜巻』の演出振付の意義を明らかにしたいと思う。

1 あらすじ

バレエ『竜巻』の検討に入る前に、ゴレイゾフスキーの演出ノートにある作品のあらすじを全訳しておこう。作品の構成は一幕三場から成る。各シーンの番号はゴレイゾフスキー自身がつけたものである。

第一場「アレゴリー的雷」

1　序曲

2　衝撃によって幕がさっと開く。完全な闇。ホリゾントの向こうで、空のかすかな朝焼けが明るくなってくる。動く光の帯が走る（投光機）。四～五秒休止。見えない恐怖の雰囲気。まだ見えない雷雨が近づいている気配。雷。再び投光機と遠くでかすかに聞こえる雷。二～三秒休止。同時に二台の投光機。稲妻。稲妻、そして、政治的闘争のスローガンの最初の文字が現れる。それらは、稲妻が光るたびに、空中のあちらこちらに現れる。スローガンはあらゆる言語で書かれている。最後の稲妻の光で、ロシア語のスローガンが光る。「万国のプロレタリアートよ、団結せよ！」というスローガンがホリゾントの後方にある。それは舞台の端から端まで伸びている。最後のいくつかの文字は見えない。袖の陰に隠れていなければならない。このスローガンが現れるとき、最初の登場人物「抵抗（プロテスト）」〔集団により表現される抽象的な一つの存在〕が現れる。それは、スローガンを背景にしているかのようである。光が五～六秒続く。その後スローガンが消える。しだいに明るくなってゆく朝焼けが、遠くに広がっている。

雷の小さめの轟き。非常に強い雷の轟き。今や雷は間断なく響いている。稲妻。爆発のように強い雷の轟き。三台の投光機が舞台を動きまわる。幕開き三〇秒から一分後、最初の人間が現れる。シルクハット、白い胸当てには血。エナメルの深靴。襟を立てたコート。急いで走る。身を隠すかのように体をかがめて、あたりを見回す。三～四秒後、さらに二人の人間が走ってくる――男と女（外見は最初の人間と同じ）。次の登場――三人の女と二人の男。さらに何グループもの人々が走り出る。潮が満ちてくるように。ホリゾントの向こうで朝焼けの光が強くなり、いくつもの絞首台のシルエットが見える。そのいくつかには、絞首刑になった死体がある。薄くスモークが出てくる。貴族の白と黒の服装の最後のグループが駆け抜ける。六人の貴族の登場。これが最後。

3　音楽のテーマがありえないほどに大きく響く。そのクライマックスで、最後のスローガン「万国のプロレタリアートよ、団結せよ！」が稲妻と共に現れる。轟音の雷鳴の轟き。そして最初の登場人物「抵抗」が現れる。衣服がぼろぼろに破れている。

4　群衆の場。荒々しくうごめく大量の身体。「抵抗」の竜巻。突然の休止。光が消える。最後のグループが見えなくなる。

第二場「宮殿」（「青きもの」）

比類ないほど豪華な広間（絶対に必要なのが、階段、円柱、手すりと演奏者たち。舞台装置はすべて可動式のもの）。

1　全く音を立てずに幕がさっと開く。キャスターの動く音は聞こえるようにする。第一場の初めに登場した人間一人と数グループが出る。同じ順番で走りすぎる。その動きはやはり怯えている。彼らは上方に現れ、階段を下り、舞台下方のどこかに消える。

2　玉座の豪華さと尊大さのイメージを表現する、完全に虚構のグループが登場。

3　グループは育って大きくなるかのようである。玉座に座っている者は、立ち上がり、杯の手を上げ、乾杯と言っているかのようである。グループ全員が彼に続く。照明がはっきり明るくなる。

4　遠くで爆音。それに続き群衆のうめき。すぐ暗転になり、空焼けが鮮やかに燃える。

玉座に座っている者と残りすべての者が地面に倒れ、杯を落とす。休止。舞台の陰で爆発音。うめき――舞台の陰で人間の声。

5　空焼けが消える。玉座の君主は皆を元気付ける。皆立ち上がる。君主はオーケストラに合図する。優雅な音楽。グループの交代。道化に合図――「遊んで楽しむように」。

6　道化の踊り。顔をしかめ、麻痺したような動き。君主を喜ばせようとする。踊り終わると、数人は玉座の足元に、数人は空中にぶら下がる。

7　君主はひどく震えながら脂ぎった笑いを見せる。セットを含めた全てが震える。グループの交代。ハッチからヴァイオリニストが現れる。長髪、ヴァイオリンに恋している。グループの中央からヴァイオリニストの夢想した女たちが現れる。

8　夢想。女性たちの優しく幻想的、優雅かつ官能的な踊り。女性が消えることで踊りが終わる。この踊りの間、ヴァイオリニストは空に去るかのように、高く高く上ってゆく。そして最後に空から落ちる（ハッチの中に戻る）。

9　全員が魅惑されてしまったかのようである。群舞がディオニソス的性格の集団に代わる。君主はその女性たちの間を、情欲のはけ口を探しながら進む。舞台中央で護衛を呼び集める。光の流れ出る第一の袖幕を指差し、何かを命令する。護衛がそちらから鎖に繋がれた猿を連れてくる。君主と猿の二つの愛し合うグループ。

10　テルプシコラ。上空にバレリーナと男性舞踊手。踊りの内容――「空虚な内容」。踊りを見ている者たちが歓喜する。バレリーナを大皿に載せて玉座に運ぶ。護衛は猿を連れ去る。女たちが男性舞踊手を抱いて運んでくる。

11 「狂気」。グループの交代。踊りは急速な新しいモチーフに変わる。二組のカップルが、優雅な衣裳でシンコペーションの踊りを踊る。

12 突然の暗転。皆上方を見、押し黙る。護衛が上方に飛び掛ろうとするが、留まり後ずさりする。上方に、ほとんど裸でゆっくり動いて引き綱を引く男たちの姿。顔には血――苦しみ。幻影かのようにその姿は消える。

13 君主が幻を追い払う。玉座から立ち上がり、前方へ。苦しい息をし、酒を欲する。すべてが徐々に息づき、照明が明るくなってくる。奇形の姿のダンサーたちが酒を運んできてすぐ消える。

14 修道士サテュロスとバッカスの巫女(淫婦)の踊り。祈祷書をもち行列になって修道士たちが歩く。祈祷書の内容を描く踊り。周りの者は祝福の言葉を受けているように立っている。地中から一人のバッカスの巫女が現れて踊る。踊りの最後に……

15 玉座から君主が引き出され踊りに加わる。全員が熱狂して踊る。踊りが最高潮に達したとき……

16 上空中央に「幻影」が現れる。それは「抵抗」の理想化である。人の背丈の一・五倍の大きさ。その登場とともに暗転。人の姿は見える程度の暗さ。「幻影」は投光機で照らされている。

17 a 恐ろしい爆発、稲妻、雷の轟き。

b 全員フットライトに走る。「幻影」は不動。

c 君主は短剣を出して「幻影」に飛び掛ろうとする。

d 君主が「幻影」の方に走り、短剣を振り上げる。そして……

e　階段を転がり落ちながら息絶える

このとき全員が合唱隊のバルコニーの方へ走り移る。

18　全員がバルコニーにすがりつきぶら下がる。その上にはパニック状態の楽隊がいる。すでに「幻影」は消え、今は……

a「幻影」はバルコニーの上方に現れ、バルコニーは落下する。

b　皆がエプロンステージの端に走る。

「幻影」は再び消え、

19　エプロンステージにいる集団の真ん中に現れる。皆がパニック状態で逃げ惑う。スモークが濃密な塊となって昇る。方々に第一場に出た大勢の「抵抗」が現れ、走り回ってあちらこちらでグループになる。第二場の登場人物たちは走り、倒れ、死にかけている。その後を、「幻影」が滑るように通り過ぎる。すべてが崩壊する。闇。

第三場

地面から巨大な円錐形の建造物が現れる。その上方にはおおきな紫のマントに包まれ「抵抗の幻影」がいる。手には大鎌。髪が風になびく。美しい顔。前方へ進むポーズ。その足元の台には、川のように「抵抗」の集団が広がっている。

ピラミッドの台は、カラフルな衣裳と黒の衣裳のダンサーに覆われている。そのピラミッドに、スローガン「労働が世界の君主になる」が稲妻のように上方から落ちてくる。それが分断されると、続いて「万国のプロレタリアートよ、団結せよ！」のスローガンが現れる。スローガンは稲妻のように輝き、次第に勝利のピラミッドを隠す。

祝祭的で歓喜に満ちたムードに包まれる。

幕

2　テーマ

新時代にふさわしい作品がアカデミー劇場に現れないことに業を煮やした観客たちが、ボリショイ劇場の切符売り場を襲撃した一九二七年秋、ゴレイゾフスキーは『竜巻』の上演準備を進めていた。このバレエは、前述したように、ロシア革命一〇周年記念のために上演されるという特別な使命を帯びたものであり、教育人民委員（教育大臣）アナトーリー・ルナチャルスキー（一八七五〜一九三三）から、階級闘争をテーマとした「プラカード」を作るという課題も与えられていた。

しかし、「バレエで語る詩人」としばしば言われ、豊かなイメージや繊細な感情をはらんだシンボリックなバレエを望むゴレイゾフスキーが創作したかったのは、ソヴィエトのバレエ史家ドブロヴォーリスカヤによれば、プラカードのような具体的で万人に分かりやすい直接的な革命の表現ではなく、革命に至るまでと革命の際の、人々の内面や民衆のエネルギーを、シンボリックかつバーレスク風に描くことだった。そうしてゴレイゾフスキーは、自身が語っているように、革命を具体的な事件として語るのではなく、革命を題材として人類の厭うべき悪――エゴイズム、自己愛、飽食、殺人等々との闘いを描こうとしたのだった。

3　ロマン主義的なるものについて

『竜巻』は新時代にふさわしいバレエを期待されて制作されたとはいえ、アカデミー劇場のレパートリーとなるために、小劇場の作品とは異なる課題をもっていた。それは、長年にわたってアカデミー劇場が継承発展させてきたバレエの伝統を守り発展させる作品であること、そして、労働者などの新しい観客だけでなく、古典バレエ作品に慣れ親しんできたアカデミー劇場の多くの観客をも満足させることである。そのためにゴレイゾフスキーが利用したのが、一九世紀のロマン主義バレエの魅力である超自然的要素だったと考えられる。

ゴレイゾフスキーは、革命の具現であり自由の象徴である主役を、「幻影」という幽霊の形象で表現した。この「幻影（призрак）」は、一八七〇年代のマリウス・プティパのロマン主義的色合いが濃厚なバレエ『バヤデルカ』（原典版）の主人公である美しいニキヤが、殺害されて最後に「幽霊（тень）」となって現れるシーンに類似している。ロシア語の призрак と тень は、同義語としても用いられる。『バヤデルカ』では、奴隷のように自由を奪われた存在であるインドの寺院の舞姫ニキヤが、恋人を権力者である武将の娘に奪われ殺害される。その後にニキヤは幽霊となって二人の結婚式の祝宴に現れ、恋人に自分の存在を知らせる。そして最後には、人間のエゴイズムや陰謀に怒った神が、寺院を崩壊させ、全てが無に帰するのである。一方、『竜巻』では、「復讐に燃えた青白い美しい顔」の「幻影」が、君主やその家来たちの酒宴に現れ、彼らを宮殿に追い詰め、宮殿を崩壊させて、専制君主の世界に終止符を打つのである。

『バヤデルカ』は、虐げられた被支配者階級の悲劇であるためか、革命後も、アカデミー劇場でレパートリーに定着して繰り返し上演されていた。『竜巻』は、「幻影」の役などが目立つために当時神秘主義と批判されたが、ゴレイゾフスキーは『バヤデルカ』のロマン主義的要素を、アヴァンギャルド芸術のなかで生かそうとしたのではないだろうか。ロマン主義バレエの大きな魅力の一つである超自然的要素をアヴァンギャルドのバレエの中で応用することによって、彼は、伝統を生かしたアカデミー劇場の作品の新たな方向性を探求しようとしたように思われる。

4　アヴァンギャルド的演出手法なるもの

『竜巻』の演出について、ゴレイゾフスキーの演出ノートには、かなり詳細なアイデアの記述がある。

この記述の中で興味深いのは、まず、振付家が演出振付だけではなく、音楽、美術、衣裳、照明についても考え、それらすべてが融合した形でシーンをデザインしてゆき、作曲家や美術家に注文を出していることである。二〇世紀初頭、ゴールスキーやフォーキンのバレエで、舞台上のあらゆる芸術ジャンルが同等の重要性をもって融合する総合芸術としてのバレエの概念が現れ、バレエ・リュスがそれをバレエの創作法として定着させた。しかしバレエ・リュスの段階では、音楽や美術はそれぞれがコンセプトを持ち、演出振付者の意図に沿いながらも作曲家、美術家が自由に創作する部分がかなり残されていた。したがって、ゴレイゾフスキーが、振付以外に舞台装置や照明、音楽も含めて一人でシーンをデザインして創作を行ったのは、このような傾向が同時代の演劇やオペラの演出の流れと手を携えていたとしても、新しいダンスの演出の先陣を切るものとして評価すべきである。

登場人物の描き方もユニークである。第二場の中心人物であり、「自惚れ、自己愛、エゴイズム、殺人、堕落、飽食」の象徴である「君主」は、太鼓腹にデフォルメされ戯画的に描かれ、人間味を失って無気力かつ鈍重、好色であり、恐怖ではなく侮蔑を抱かせる人物像になっている。そして、「自由のエンブレム」である「幻影」に滅ぼされる直前に、一瞬、本当に生きたいという人間らしい感情を見せる。

この作品のなかで最も重要な「幻影」の役は、通常の人間の一・五倍の大きさで、三人のダンサーが一つの存在を表現する。バレエ・リュスがレオニード・マシーンの振付で一九一七年にパリで初演した『パラード』でも、ピカソのデザインした馬などの巨大な箱のような〝衣裳〟に入ったダンサーが登場するが、巨大な登場人物はインパクトの強い舞台を作り上げる。

第一場の中心になる虐げられた民衆たちは、集団として「抵抗」という一つの役になっている。彼らは大量のうごめくエネルギーとして表現され、舞台上を動く投光器に照らされて様相を変化させていった。作品の題名である「竜巻」は、第一場の最後の革命を起こすエネルギーとして、この群衆の形作る渦巻きが表現する。群舞は一九世紀までのバレエでも重要な見せ場であり、渦巻くような群舞も、レフ・イワーノフが一八九二年初演版『くるみ割り人形』の雪片の踊りで創作したことが知られている。しかし、それまでの群舞は集団による踊りの美しさの表現を目的としていたのに対し、「抵抗」の群舞は、抑圧のために増大してゆくエネルギーの表現という新しい役割をもっていたと、ゴレイゾフスキーの演出ノートから推察できる。

音楽についても、アヴァンギャルド的な新しさを指摘したい。『竜巻』の音楽は、アヴァンギャルドの作曲家ボリース・ベール（一八九三〜一九四二）が担当したが、ゴレイゾフスキーは、前述したように、演出振付、音楽、舞台装置、衣裳、照明全てを統合したシーンをデザインしている。音楽に関しても、演出ノートに作曲家への提案が書かれている。

その提案からわかるのは、まず、第一場での革命が近づく異様な恐怖感や緊迫感を表すための雷鳴、群衆の竜巻が起こる前の銃声、一斉射撃の音、第二場の宮殿での舞台裏での人声、爆音、走る足音等々が音楽に挿入されるということである。舞踊芸術では、前述した一九一七年初演の『パラード』で、エリック・サティがサイレン、銃声などが含まれるノイズ・ミュージックのバレエを初めて作曲しているが、ここでも、ゴレイゾフスキーがノイズ・ミュージックという新しく発見された音楽の形態を想定していることは明らかだろう。

さらに、それまで舞踊芸術の音楽は舞台上の出来事を語るために用いられてきたのに対し、ここで、舞台裏の動き、つまり革命による激しい戦闘を、音楽あるいは、爆音や銃声、人々のうめき声や走る足音などの音響に語らせようとしていることも注目される。ここには、映画の手法の応用があると考えられる。

加えて、音楽で興味深いのは、宮廷の楽師として、一人の退廃的雰囲気のヴァイオリニストを登場させていることである。この役はプロのヴァイオリニストが舞台上で演奏しながら演じる。そして、ヴァイオリンの音の役の女性舞踊手たちが、「ヴァイオリニストの夢想」と題された踊りで、その音楽を視覚化してゆく。この演出には、二〇世紀以降のダンスの発展に大きな影響を与えた、一九世紀末から二〇世紀初頭のバレエの様々な発見が含まれていると考えられる。まず、専ら踊りを控えめに伴奏する役であったバレエ音楽が、一九世紀末のチャイコフスキーの参入によって、踊りと対等に自分をアピールするようになったこと。第二に、物語（台本）を基盤に作られてきたバレエに対し、物語に依存せず音楽のリズムや響き、ニュアンス、色彩などをまるごと目に見える形にする、つまり、音楽のみを基盤として音楽を舞踊で視覚化するダンスシンフォニーという新しいジャンルの誕生（第一一章参照）。第三に、クラシック舞踊を否定したモダン・ダンスの登場によって生じた、専門的に訓練されたダンサーのみが舞踊の舞台に立つという考え方の変化である。それらを取り入れながらさらに、この作品の場合は、専門性の極めて高いボリショイ・バレエのダンサーの間で、音楽家の素のしぐさが異化作用を引き起こすという効果も発見している。

『竜巻』では、音楽だけではなく、作品全体のリズムも、従来のバレエ作品にはないものだった。シーンの流れが突然中断されて暗転になったり、突然急速に幕が下りてきたり、あるいは、展開のリズムの緩急がめまぐるしく変化したのである。

一九二五年の『美しきヨセフ』の際にバレエで初めて使用された構成主義美術は、演出ノートから判断すると、ここでも効果的に利用された。踊りは舞台空間全体を利用して行われ、床のハッチや舞台上方、後方に設置された開閉口からの入退場、可動式の台や階段、ダンサーを吊るワイヤーなどが至る所で用いられている。ワイヤーなどを使った上方空間の利用は、一九世紀のロマン主義バレエで、妖精や幽霊などの超自然の世界を表現するために用いられたが、ゴレイゾフスキーは、その手法の醸し出す幻想性をそのまま利用しつつ、同時代人が共有する気分や感情を視覚化するための表現に応用したのだった。

また、構成主義美術の発見である人物と舞台装置の共振も、インパクトの強い舞台作りのために巧みに使用されたことがうかがわれる。たとえば、官能的な女性たちを見て君主が震えると、王に従う家来たちだけでなく、舞台装置を含めた舞台全体が震えたのだった。そして、群衆の「竜巻」のシーンで舞台上を移動する投光器の照明も、多くのシーンで用いられた。「竜巻」でのこの照明の効果に関する具体例は、残念ながら総稽古に関するコメント資料などに記述があまりないが、ゴレイゾフスキーは小劇場の活動で光と影の織り成すパターンのみを舞台美術とする実験も行っている。また、現在も踊り継がれている『ナルシス』でも、至近距離からダンサーに光を当て、その背後にできる大きな影を揺らめかせる効果的な演出が見られる。

III　現在からの評価

ゴレイゾフスキーの『竜巻』は、総稽古で一度舞台に載せられただけで消えてゆくことになったが、これまで指摘してきたように、それは、同時代の舞台芸術の発見を効果的に活用し、バレエの伝統を融合させた、新時代のバレエの一つの形を提示した大きな意義のある作品であったと考えられる。

そしてさらに重要なことは、『竜巻』の演出の様々な手法が、現在世界のダンスシーンをリードしている振付家の作品のなかで、優れた斬新なアイデアとして高く評価されていることである。まず、振付家が総合芸術の各要素を演出することについて述べれば、ロシア・アヴァンギャルド芸術が途絶えた後、バレエの創作は再び分担作業に戻ったが、二〇世紀後半、モダン・バレエの巨匠モーリス・ベジャール（一九二七

〜二〇〇七）や、その後一九八〇年代以降登場した世界のコンテンポラリー・ダンスの振付家たちの多くは、新しい創作法と自認して、音楽、舞台美術、衣裳、照明などを含めた演出を行っている。ロシア国内では、ボリース・エイフマンが一九八〇年代以降の作品で、このような創作に着手し、演出振付、台本、既成の音楽のコラージュは完全に一人で行い、美術や照明も明確なイメージをもって美術家に依頼している。イルジ・キリアン（一九四七〜）、ウィリアム・フォーサイスなどは照明デザインも自ら行い、舞台上で可動式の照明を使用して現在の振付家たちにそれを流行させたのも彼らである。

巨大な人物も、インバル・ピント・ダンスカンパニー（一九九四年設立）、ジョセフ・ナジ（一九五七〜）などの、子供のように奔放な発想でファンタジックな舞台を作る創作者がそれを舞台に登場させて、奇妙で楽しいシーンを生み出している。

舞台のリズムの突然の変化による異化作用で観客にショックを与える手法も、『ステップ・テクスト』『失われた委曲』ほか多くのフォーサイスの作品で大きな注目を集めた。踊りの途中で突然暗転になったり、急速に幕が下りてくる手法は、まさに演出ノートでゴレイゾフスキーが考えていたことである。

音楽家が演奏しながら、ダンスの舞台に参加する演出も近年しばしば好んで用いられるもので、今や、音楽家の方もダンサーに混じって演技をすることに慣れてきている観がある。

そして、ノイズ・ミュージックや構成主義の美術は、二〇世紀半ば以降の舞台芸術で当然のように使用されているものである。

ロシア国内では、全体としては、前述のような手法を駆使するコンテンポラリー・ダンスの導入が遅れたとはいえ、それでも、二〇世紀の後半、ゴレイゾフスキーの演出振付のアイデアは、グリゴローヴィチ、ニコライ・ボヤールチコフ（一九三五〜）、エイフマンなどの、ロシア・バレエ界で新しいバレエの創造に意欲的に取り組んだ振付家の作品の中で、あるエネルギーを群舞全体の動きで表現する手法や、舞踊の新しいボキャブラリーが発展してきた。とくに、ソ連時代に導入が遅れていたコンテンポラリー・ダンスを、独学で発展させたエイフマンの作品では、ゴレイゾフスキーの手法のほとんどが使われ発展させられている。また、第一期の作品はほとんど残っていないとはいえ、前述したように、ゴレイゾフスキーの信奉者であるマイヤ・プリセツカヤやウラジーミル・ワシーリエフ等々のロシアを代表するダンサーたちによって、第三期の作品が一九九〇年代初めに復元され、現在はその創作が多くの称賛を集めている。

このような現在の評価を考えると、結局、『竜巻』が非公開に終わった悲劇は、当時批判されたように、ゴレイゾフスキーが神秘主義などの当時廃れたスタイルで作品を作ったためではなく、未来の観客のための作品を生んでしまったゆえの悲劇だったということができるだろう。

〔第二章〕

フョードル・ロプホーフのダンスシンフォニー『宇宙の偉大さ』、新版『くるみ割り人形』

フョードル・ロプホーフ（一八八六～一九七三）は、一九〇五年にサンクト・ペテルブルグ舞台芸術学校（現ワガーノワ・バレエ・アカデミー）を卒業し、同年にマリインスキー・バレエに入団、モスクワのボリショイ・バレエやアメリカでの活動を経て、二二年、国立ペトログラード・オペラ・バレエ劇場（現マリインスキー・オペラ・バレエ劇場）の芸術監督となった。その後、三一年にレニングラード・マールイ・バレエ（現ミハイロフスキー・バレエ）を立ち上げるために、一度マリインスキー劇場（現在名）を離れるまでの一〇年間は、ロプホーフがアヴァンギャルド・バレエと言われる作品の制作を精力的に行った興味深い時期である。

フョードル・ロプホーフ

この時期は、ロシア革命後の新世界の中で、皇帝や貴族に愛されてきたバレエに存在の価値があるのかということが盛んに議論された。そのため、マリインスキーのようなアカデミー劇場は、伝統あるバレエを守るために、新世界におけるバレエの発展の可能性を必死で証明しようとしたのである。

この章では、ロプホーフのアヴァンギャルド・バレエの中で、バレエ史上とくに大きな意味をもつ、『宇宙の偉大さ』と『くるみ割り人形』を取り上げたい。

I　ダンスシンフォニー『宇宙の偉大さ』の構想

ロシア・アヴァンギャルドの全盛期であった一九二三年にロプホーフが発表した、ベートーヴェンの交響曲第四番によるバレエ『宇宙の偉大さ』は、物語を作品の基盤とせずに、音楽の構造を分析して音楽そのものを舞踊として視覚化する新しいジャンル、「ダンスシンフォニー」の誕生という画期的な事件となるはずだった。このジャンルは、後に「シンフォニック・バレエ」という名で二〇世紀以降の世界のバレエの主要な流れの一つとなった。にもかかわらず、『宇宙の偉大さ』は、当時観客に全く理解されず、一回の試演と一回の公開公演のみでお蔵入りになってしまったのである。

一九二二年九月一八日に国立ペトログラード・オペラ・バレエ劇場のリハーサル・ホールで行われた公開試演は、ボリース・アサーフィエフ（一八八四〜一九四九、作曲家、音楽学者）、ユーリー・スロニームスキー（一九〇二〜七八、舞踊学者）、イワン・ソレルチンスキー（一九〇二〜四四、音楽演劇学者）等々の、舞台芸術、音楽の専門家を集めて行われた。一部からベートーヴェンの純粋な音楽に具体的内容を盛り込んだことで批判されたとはいえ、かつて皇帝のものであったアカデミー劇場のバレエを未来のないものと攻撃する陣営に対する反駁として、ダンスシンフォニーのアイデアは支持され、翌年の一般公開が決定された。スロニームスキーによれば、試演会の参加者は「ロプホーフの作品を事件と受け止め」、公演は大成功だった。ところが、一九二三年の一般公開初演の反応は、全く異なるものだった。観客席からは拍手もブーイングもブラボーの声もなく、静まりかえっていただけだったのである。

観客の無反応の原因はどこにあったのだろうか。この章では、国立ペテルブルグ舞台芸術博物館のアーカイヴに所蔵されているロプホーフ自筆の舞踊譜と、二〇〇〇年に行われた復元上演（ロシア人振付家ナターリヤ・ヴォスクレセンスカヤが、この舞踊譜を用い日本のＮＢＡバレエ団の協力を得て、お蔵入り後初めて復元）を分析しながら、理解されなかったこの作品の創作法や理念を探り、一九二三年の失敗の原因と、ロプホーフの新たな試みの舞踊史上の意義を考えてみたいと思う。

なお、私がモスクワのバフルーシン記念演劇博物館分館で調査、確認したロプホーフの自筆の舞踊譜は、一九一八年に執筆と記入されており、各ページが一マス一小節に当たるいくつものマス目に分けられ、ダンサーの配置、パ（ステップ）の種類、進行方向などが書き込まれているほか、衣裳や照明の指示（舞台装置は使用しない）、プログラム用の草稿等が書き込まれている。『宇宙の偉大さ』の舞踊譜は、パーヴェル・ゴンチャローフの挿絵と各シーンの題名から成るブックレットのバージョン（一九二二年出版）も存在し、ここでは踊りのポーズいくつかが描写されているが、ポーズの挿絵は二〇点しか掲載されておらず、自筆の舞踊譜の内容と少々異なる部分もある。

ダンスシンフォニー『宇宙の偉大さ』は、ロプホーフの自筆の舞踊譜によれば、ベートーヴェンの交響曲第四番の構成通りに、以下のようにプロローグとエピローグ付きの四部に分けられている。

プロローグ　「光の形成」

第一部　「死の中の生と生の中の死」

　第一場「前の生命の死の中での生命体の形成と繁栄、そして死」

　第二場「その死を通しての、新たな生命体の形成」

第二部　「熱エネルギー」

第一場「男性集団を背景にした女性集団の発展」
第三部「存在の喜び」
第一場「ピテカントロプスのはしゃぎ」
第二場「蝶々の戯れ」
第三、四場「ピテカントロプスのはしゃぎと蝶々の戯れの交代」
第五場「刈り手の登場」
第六場「小鳥の最初の飛翔」
第七場「仕事を離れる女性たち」
第八、九場「ピテカントロプスのはしゃぎと蝶々の戯れの交代」
第一〇場「踊る人々」
第一一場「小鳥の熟練した飛翔」
第一二場「存在の喜びを通しての生きとし生けるものの調和」
第四部「永遠の運動」
第一場「あらゆる存在の絶え間ない前進」
エピローグ「（単語を形作る〔このフレーズは括弧で挿入され二本線で消されている〕）グループ "Мироздание〔宇宙〕"」

舞踊譜のこの構成に関しては、公開試演の年に出版されたパーヴェル・ゴンチャローフの挿絵によるブックレットと若干の表現の違いはある（ブックレットのプロローグには、「光の形成」の後に「太陽の形成」と題された部分がある）ものの、内容的に大きな相違はない。だが、一九一六年に執筆が開始され一九二五年に出版されたロプホーフのマニフェストとも言える著書、『バレエマスターの道』の「ダンスシンフォニー」の章では、各部の順序が異なっている。第一部「熱エネルギー」、第二部「存在の喜び」、第三部「永遠の運動」、第四部「死の中の生と生の中の死」という構成であり、第一、二、三部の置き換えは可能であるとしているのである。そしてこの本では、「第一部の暗示的な導入部となるプロローグ」と、「最終部と緊密に結び付きながら作品全体の思想や性格を概括するためのエピローグ」の必要性が説かれている。つまり、発案の段階では、ロプホーフはこのバレエの中心として描くものを「死の中の生と生の中の死」と考えていたらしい。しかし、実際の舞台ではそれが第一部に移され、「永遠の運動」が最後に置かれて重要性を増し、最初の部「死の中の生と生の中の死」と円環で結ばれたと考えられる。というのも、ロプホーフの舞踊譜には照明デザインも書き込まれており（前述の通り舞台装置は用いず、衣裳は「女性全員が同じ衣裳、男性全員が同じ衣裳」と書かれている）、青の照明で始まって、黄色、薔薇色、白、赤と変化し、エピローグで青に戻るようになっているのである。

また、作品の舞踊的クライマックスとロプホーフが語っている部分、つまり踊りの最大の見せ場は「存在の喜び」のシーンだが、この部分の説明でも、「各々の存在の生、それは永遠の中の一瞬であり、その間に、自分の生はあらゆる存在の一部分を成していることを知る可能性が与えられている。ここから、あらゆる生の総体がまさにМироздание〔宇宙〕であるということの本能的感覚的証明として、存在の喜びというものが生じるのである」と語られており、その根底にはやはり第四部「永遠の運動」のテーマが流れていることとがわかる。

ロプホーフがこの作品で描こうとしたテーマには、このように熟考された哲学があった。それはソ連時代禁じられた宗教的テーマが根底にあるとも受け取れるものではあるが、作品は公開試演では肯定的な評を得た。ではなぜ、この作品は観客に受け入れられなかったのだろうか。ここには、ジャンルとして未成熟な段階のダンスシンフォニーの問題が関係していると考えられる。次に、この問題について検討しよう。

II　ロプホーフが創始したジャンル「ダンスシンフォニー」

ロプホーフは一九二〇年代から約五〇年間の演出振付活動の中で、一九世紀の巨匠プティパの古典作品の原典に極めて近い復元や、ネオ・ロマンティック・バレエ、ドラマ・バレエ（物語をベースにした演劇性の強いバレエ）、ダンスシンフォニー、バレエ・コミック等々と、多様な作品を発表していったが、どのようなジャンルの作品においても、彼の創作に一貫して認められたのが、以下の言葉に代表されるような音楽と踊りの緊密な結び付きだった。

振付家は音楽の和声の構造、上下への動き、響きのダイナミズム等々を把握しなければならない。〔…〕私にとって、ヴァイオリン、オーボエ、あるいは何か別の楽器によって演奏される同じテーマは、各々の楽器の特性に基づいた全く異なる性格を帯びてくる。〔…〕音楽と踊りは、耳と目からの印象として補い合うべきである。（*Лопухов, Ф.* Пути балетмейстера. Берлин, 1925. より筆者訳）

ロプホーフは踊りと音楽の関係を四種類に分類している。第一の踊りが「音楽と緊密には結び付いていないもの」、第二の踊りが「音楽に従って合わせるもの」、第三の踊りが「踊りに従って音楽が合わせるもの」、第四の踊りが「音楽と一体となるもの」である。この四種類のうち理想的なものが第四の関係であると彼は考えていた。

一方、二〇世紀初頭にゴールスキー（第六章参照）とフォーキン（第七、八章参照）によって開始されたバレエの革新の中心は、イサドラ・ダンカンに影響を受けた舞踊語彙の拡大と、リアリズム演劇のバレエへの応用、そして、作品のコンセプトをリードする美術の導入であった。とくに革新者たちが強調した、踊り、音楽、美術、台本等々のバレエの諸構成要素が同等の重要性をもつ「総合芸術としてのバレエ」という概念は、一九世紀にはあまり考えられていなかったため、芸術界の多くの人々の心をとらえた。総合芸術を前面に押し出したバレエ・リュスのパリでの大成功は、さらにその傾向に拍車をかけることになった。しかし、総合芸術としてのバレエは多面的な舞踊芸術を創造したとはいうものの、その結果として、身体表現が有している大きな可能性が軽んじられ狭められることになったことも否めない。ゴールスキーやフォーキンは、一九世紀末までにロシア・バレエが達成した高度な技術による表現の力の利用を避けようとしたのである。

これに対して、バレエの伝統に培われた高い芸術性や身体表現自体の大きな可能性を信じるロプホーフは、物語や美術による装飾を排除し、「緊密な結び付きを保ってバレエの核となっている」と彼が考える、踊りと音楽のみを構成要素とするダンスシンフォニーというジャンルを考案したのだった。

ダンスシンフォニーのジャンルを、ロプホーフは次のように定義している。

一　ある程度の数の出演者によって行われる、いくつかの部分から成る舞踊作品である。
二　筋はないが、個々の部分で次第に明らかになってゆくある思想を内包している。
三　バレエマスターに、各部の演出の完全な自由が提供されている。
四　クラシック舞踊とキャラクター・ダンスの舞踊形態の区別はないが、適宜区別することは可能である。

さらに、この四つの基本原則の補足として、「主要部分以外に第一部の内容を暗示する導入部と、最後の部分と密接に結び付いて作品全体の思想や性格を強調する完結部が必要である」と述べられている。

これらの定義から明らかになるのは、ロプホーフが、ダンスシンフォニー――一九世紀までのバレエのように台本の内容を作品の基盤にするのではなく、音楽を基にして、音楽の質感までも舞踊によって伝え得る、音楽と舞踊の結び付きの究極の形態――を考案したにもかかわらず、実際の作品においては内容（台本）やバレエマスターのメッセージを伝えることを重要視していたということである。つまりロプホーフは、バレエにおける台本や美術の影響を完全に排除して、音楽と踊りのみを一体化させた新しいバレエを創造しようとしたにもかかわらず、それまでのバレエの伝統が基本としてきた、身体表現による内容（台本）、メッセージの伝達を捨て去っていない。それどころか、そのメッセージ性は、少なくとも『宇宙の偉大さ』を発表した段階では、彼にとって重要なものだったのである。

後年、ロプホーフは『宇宙の偉大さ』の初演について、「各楽章に題名をつけたのは愚かだった。音楽用語だけにしておくべきだったのだ」と述懐している。結局、ロプホーフのダンスシンフォニーの本当の理想形は、周知のように、『宇宙の偉大さ』の主力ダンサーで一九三〇年代以降アメリカでシンフォニック・バレエと呼ばれるジャンルを開花させた、ジョージ・バランシンの創作の中で完成されることになった。

だがもちろん、ロプホーフのダンスシンフォニーのように、舞踊のフォルムそのものを見せるというよりは思想の表現のために舞踊のフォルムが作られていった場合でも、音楽が踊りと一致するメッセージを謳い上げていれば問題はなかっただろう。

しかし、ロプホーフはこの作品の構想を革命直後の一九一八年に練り、その後に使用する音楽を既成のものから探した。現在、シンフォニック・バレエを作る際に、この手順で仕事を進める振付家はいない。音楽があってこそ創作が進められるジャンルである。新しいジャンルへの挑戦であるにもかかわらず、ロプホーフの手順は、彼以前のプティパやフォーキンらと同じものだった。このため、自分の構想を貫こうとするがゆえに音楽との密な関係を絶ってしまったり、音楽と一致しないためにメッセージを変えなければならない部分も現れてしまった。著書『バレエマスターの道』でロプホーフが計画した『宇宙の偉大さ』の各部の順序と、実際に舞台に載った作品の各部の順序が異なることになったのも、一つはこれが理由だった。

音楽に既成のものを選んだのは、財政的な問題もあったと考えられるが（衣裳さえ出演者自身が縫った）、ロプホーフが交響曲の表現を最高の形態としてバレエにも応用しようとしていたこと、そして、一九二〇年代には革命的な思想を表現したベートーヴェンがソ連で人気を博し、その生誕一五〇周年を全国民が祝ったことも大いに関係している。とはいえ、ロプホーフが選んだのは、革命的な思想が盛り込まれている音楽ではなく、ベートーヴェンが満ち足りた気分で村で作曲を進めた交響曲第四番だった。その牧歌的なムードを利用しようとしたと考えられることは後述するが、いずれにしても、具体的な内容が挿入されていない交響曲の各楽章に無関係な内容を当てはめたような題名をつけ、しかも、ピテカントロプスや蝶々、刈り手といった具体的な登場人物を加えてしまったことは、批判の対象となった。

Ⅲ ロプホーフのユートピア

『宇宙の偉大さ』の上演時に制作されたプログラムには抽象的で簡単な説明しか加えられていなかったため、様々な解釈を許し、特に、刈り手やピテカントロプスの登場は混乱を招いた。ロシアの舞踊学者ドブロヴォーリスカヤが一九七六年に出版した著書『フョードル・ロプホーフ』によれば、「創作の時代を反映して、前半を革命による新しい社会の誕生と見、後半に新社会の躍動的エネルギーの表現を見る解釈が妥当とされてきたが、その場合、ピテカントロプスの踊りや蝶々、刈り手の意味は言及されないままだった」。なぜロプホーフは、「熱エネルギー」や「永遠の運動」の部分では、「工場での生産のように平坦なリズムで」という未来派のような説明を加えながら、牧歌的なムードをもつと言われる交響曲第四番を選び、「存在の喜び」で農夫や原始の人間を登場させたのだろうか。

ドブロヴォーリスカヤは前掲の著書のなかで、この作品全体をロプホーフが信奉していたジャン＝ジャック・ルソーの自然状態を描いたものと考えている。彼女はこの意見に関して詳しい分析を行っておらず、残念ながら、ロプホーフがどの程度ルソーを研究していたかを明らかにする資料も見当たらない。だが、長年ロプホーフと親交のあったドブロヴォーリスカヤのこの言説と、日本で『宇宙の偉大さ』の復元演出を担当したヴォスクレセンスカヤが、筆者が行ったインタビューで、「ロプホーフは、革命後宗教が禁じられていたにもかかわらず、生涯神を信じていました」と語っていることから判断すると、ロプホーフは、「無宗教の世紀の中で信仰の擁護者であった」ルソーに、かなり共感を抱いていたのではないかと推測できる。

このような理由から、「ルソーの自然状態を描いた」というドブロヴォーリスカヤの見方を敷衍して考えると、ロプホーフは、ルソーの語る「社会がまだ人間を堕落させるだけの時を消費していない状態」をロシア革命後の新しい世界と重ね合わせていたのではないだろうか。それゆえに、作品のクライマックスである「存在の喜び」の部で、ルソーの理想とする、動物との差異をできるだけ少なくした原始人が登場し、自然の象徴としての蝶々と戯れ、自然人に近いものとルソーが考える農夫が登場して草刈りをし、やがてすべてが和合して、舞台にユートピアを形成するのである。ロプホーフが牧歌的な音楽を必要としたのは、このためだったと考えられる。つまり、ロプホーフは「存在の喜び」でロシア革命後の新世界に対する期待を表現した。その期待とは、生まれ変わったピュアな若い社会に、再び自然人が現れ、幸福なユートピアを作り上げることだったのである。

周知のように一九二〇年代には、農民の世界などにユートピアを求め、消えつつある世界の美しさを抒情的に謳い上げる作品が、ロシア革命を壮年で迎えた芸術家たちによって発表された。

革命による新時代を受け入れ、その新たな可能性に夢を抱きながらも、過去を否定することは認められない彼らの作品は、折衷的であり、社会主義を宣伝する社会主義リアリズム芸術のみが認められ革命後の新世界に対する夢を語る自由が無くなったとき、多くは消滅する運命にあった。自然人を賛美しながら、同じ作品の中で工場の機械のリズムを描こうとしたロプホーフの作品も、懐古趣味的側面と未来派的側面が折衷的に結び付けられていたと言える。『宇宙の偉大さ』が観客に理解されなかった原因は、このような折衷的傾向にもあったのではないだろうか。

ちなみに、革命直後のロプホーフのこのようなスタンスは、未来派的な実験を行いながらも、長年の間に培われてきたバレエのすばらしい伝統を、自分たちの創造の基盤として守り抜こうとした行動からも認められる。革命直後に舞踊のすぐれた創作活動を行った人々の中で、二〇代半ばだったフォレッゲル(第九章参照)やゴレイゾフスキー(第一〇章参照)は、解き放たれたように新しい芸術に突進してゆき、演劇の革命を目指したタイーロフやメイエルホリドと歩みを共にし、プロレトクリトのスタジオでも仕事をした。彼らにとって、一九世紀の古典バレエ作品やそれを上演するアカデミー劇場は、当時は「我慢のならないもの」だった。

一方、ロシア革命を帝室マリインスキー劇場のベテラン・ダンサーとして三〇代で迎え、その直後の一九二二年に同劇場の芸術監督に就任したロプホーフの場合、革命の受けとめ方も、新時代にふさわしい芸術創造へのアプローチも異なるものであった。バレエの新しい道を探りつつ、一九世紀からの古典作品を上演するアカデミー劇場の存在価値を問う攻撃にも反駁し、愛する古典バレエの伝統を擁護しながら、バレエが新時代に生きてゆく価値をアピールすることも考えなければならなかった。一九二〇年代にロプホーフは、新しいバレエはいかにあるべきかを何度も新聞、雑誌に発表しているが、その文章の結末の多くは、バレエの発展の大きな可能性を語っており、必死にバレエの伝統を守ろうとしていたことがうかがわれる。長年にわたって築かれてきたこのすばらしい伝統を基盤にしてこそ、本当の新しい一歩が踏み出せることを、ロプホーフは確信していたのである。新しいバレエのあるべき姿として、内容的に新しいテーマだけでなく、形式的にも、アクロバットや体操、映画等々のあらゆるジャンルの要素をクラシック舞踊に導入することを述べながら、「バレエは屍だ」という意見に対して、「このようにバレエは死んでいないどころか、血気盛んに多様な生を生きて次々と新作を生み出し、芸術の多くの〝同志〟よりも、はるかに大きな歩みで前進している」と反駁し、また、古典バレエ作品を否定するゴレイゾフスキーに対し、「私たちが水を飲んできた、そして今なお間違いなく飲み続けている井戸に、唾を吐きかけてはいけない。なぜならば、新しいものの創造は、古いものを体得して初めて可能になるのであり、古いものの中に新しいものへの出発点があるのだから」と語っている。

以上から明らかなように、ロプホーフが革命後に行った新しいバレエの創造は、伝統の破壊や無視を出発点とするのではなく、バレエ芸術の伝統の延長としての新たな伝統作りだったのである。ダンスシンフォニー『宇宙の偉大さ』もその例外ではない。

Ⅳ　復元されたダンスシンフォニー

これまで述べてきたように、『宇宙の偉大さ』の失敗の大きな原因が作品に盛り込まれた内容と音楽との不一致にあったとすれば、それでは踊りのフォルムと音楽にのみに注目した場合、作品の価値はどのように見えてくるのだろうか。

二〇〇〇年にヴォスクレセンスカヤが『宇宙の偉大さ』を復元演出をし、日本のNBAバレエ団が踊った公演（五反田ゆうぽうとホール）では、音楽を見事に身体表現として視覚化した二〇世紀屈指の振付家、バランシンの創作の先駆的作品ということが強調され、プログラムに内容的な説明は一切なされていなかった。従って、大多数の観客は、踊りと音楽にのみ注目した。

まず多くの観客を驚かせたのは、アヴァンギャルド全盛時代に創作され初演のみでお蔵入りになったというイメージからはほど遠い、帝政時代のバレエの優雅な動きだった。「熱エネルギー」の部分では、『白鳥の湖』で湖のさざなみのリズムを刻む白鳥の群舞のような動きさえ使われている。こうしたプティパの古典バレエ作品のような振付のなかで浮いているのが、ピテカントロプス（図1）や刈り手（図2）の動きである（これらの役名は意図的にかプログラムに全く触れられていない）。ゴムのように弾力感のある猿のようなピテカントロプスの跳躍や、歩幅を大きくして大地を踏みしめながら腕を大きく振る刈り手の動作は、モダン・ダンスと言ってもよいほどに斬新だった。“Мироздание（宇宙）”の文字の形を描こうとしたらしい（前述したように、ロプホーフの舞踊譜ではその案の説明が二重線で消されている）最後の集団のポーズ（図3）も、困惑するほどに新奇である。このように、舞台には新旧時代の要素が折衷的に入り混じっていたが、やはり全体を支配するのは帝政時代の典雅なバレエであり、それこそが大きな魅力を放っていた。

音楽と踊りの密接な関わりについては、ロプホーフ以前の振付家たちが音楽のムードを踊りに表現した

図2　刈り手

図1　ピテカントロプス

図3　最後の集団のポーズ“Мироздание(宇宙)”

り、単に踊りの伴奏として踊りに付随させていたのに対し、彼は音楽のリズムや曲想を動きに密接に結びつけようとしていたことがうかがわれる。とはいえ、後輩のバランシンに比べると音楽の視覚化の緻密さが足りず、音楽を身体の動きへと十分に変換しきれていない。

二〇世紀以降のバレエの一つの大きな流れとなる、シンフォニック・バレエに先立つダンスシンフォニーというジャンルを案出したことだけでも、その功績の大きさは計り知れないものだが、それを確立するためには、バランシンのような天才的な音楽性が必要だった。バランシン以降、彼に匹敵する水準のシンフォニック・バレエ、シンフォニック・ダンスを創作できたのは、イルジ・キリアン、アレクセイ・ラトマンスキーなど数少ない振付家であることが、その創作の難しさを語っている。

以上述べてきたように、ロプホーフのダンスシンフォニー『宇宙の偉大さ』は、音楽のリズムだけでなく質感や構造等々丸ごとを舞踊の身体表現に変換する試みであったにもかかわらず、既成の音楽を使用しながらその中に表現されていないメッセージが込められたために観客を混乱させた。ロプホーフの一九二〇年代の内容と形式双方の面での折衷的な創作は、革命前の芸術の伝統に育まれそれを愛しながらも、革命による新しい世界の大きな可能性を信じた芸術家たちに特有のものだった。ロプホーフの一九二〇年代の作品は長い舞台生命を保つことができなかったが、この時期に、その後のバレエの発展の基盤となる伝統が破壊されずに継承され、かつ、二〇世紀以降のバレエの大きな流れの一つとなったシンフォニック・バレエの芽が形成された意義は極めて大きい。ロプホーフ同様バランシンも、一九世紀のプティパの物語バレエに範を求め、そこから純粋な舞踊部分を抽出、昇華することを考えたからこそ、シンフォニック・

バレエを完成させることができたのである。

V 『くるみ割り人形』の新演出

1 機縁と新たなテーマ

一九二九年に発表されたこの新版『くるみ割り人形』は、一九二一年の『火の鳥』に始まる、ロプホーフのアヴァンギャルド・バレエ制作の一つである（一九三一年の『ボルト』までがその一連の作品）。前述したように、当時は、革命後の新世界の中で、皇帝や貴族に愛されてきたバレエに存在の価値があるのかということが、盛んに議論された。そのため、アカデミー劇場は、バレエの伝統を守るために、新世界におけるバレエの発展の可能性を証明しなければならなかった。

ロプホーフが『くるみ割り人形』の新演出に取り組んだのは、当時ロシアで、古典バレエ作品の内容を原作の文学作品に近づける試みが盛んに行われたことがきっかけとなっている。『くるみ割り人形』は、ホフマンの怪奇性のある物語『くるみ割り人形とねずみの王様』が原作であるにもかかわらず、子供向けバレエとして依頼されて台本を書いたプティパは、そのフランス語への翻案であるデュマ父（父子の共作の説も有）の童話『はしばみ物語』をもとにした。そのため、初演のイワーノフの演出振付は、子供向けの優しくかわいらしい内容となってしまった。ホフマンの原作やそれも加味して作曲されたチャイコフスキーの音楽のテイストが、失われてしまっていたのである。

ホフマンの怪奇性のある物語のテイストを取り入れたロプホーフ版『くるみ割り人形』のテーマは、現実と非現実の境界があいまいである子供の世界を描きながら、大人の世界も含んだ現実の不確実性を描くこととなった。さらに、台本でクリスマス・パーティーとなっている第一幕の仮面舞踏会では、現実の不確実性の要素に、ホフマンの原作とチャイコフスキーの音楽からロプホーフが感じ取ったアイロニカルな要素が取り入れられた。すなわち、人形よりも人形のようである人間的な心を失った人たちが描かれ、アヴァンギャルド芸術で頻繁に行われた社会風刺と同調する部分として、作品中の重要なシーンとなった。

2　アヴァンギャルド的要素

◆台本の構成と音楽について

ホフマンの作品に基づいて、ロプホーフは台本の内容、構成を大きく変えている。まず、初演で二幕仕立てであった構成は、三幕仕立て二三エピソード（各場は、アヴァンギャルド演劇で使われた「エピソード」で呼ばれた）に増やされている。

以下に、台本の構成を示す。

三幕二三エピソードの構成

プロローグ

第一幕

第一エピソード 醜い王子／第二 救助者――くるみ割り人形／第三 仮装の人々／第四 人形――本当の人々／第五 人々――本当の人形／第六 捨てられた救助者／第七 マーシャの愛／第八 病気のくるみ割り人形／第九 仮装の人々の踊り

第二幕

第一〇 マーシャの寝室／第一一 前庭／第一二 戦いを待ちながら／第一三 ねずみたちとの戦い／第一四くるみ割り人形とねずみの王の死闘／第一五 首都への近道／第一六 冬

第三幕

第一七 バラの海／第一八 くるみ割り人形の国の首都／第一九 ねずみの王の死／第二〇 戦利品と勝利／第二一 勝利の祝い／第二二 再び子供部屋で

エピローグ

この構成はホフマンの原作よりも複雑であり、ドロッセルマイヤーが話すおもちゃ職人の息子の物語は、分割されて何度も挿入される。エピソードの細分化は、同時代のアヴァンギャルド芸術――エイゼンシテインの映画やメイエルホリドの『森林』などの演劇、さらにミュージック・ホールの上演形態の影響であると、演劇・音楽学者のソレルチンスキーは指摘している。このように細分化されて現実と物語とマーシャの空想を行き来する作品の流れは、たとえば、ドロッセルマイヤーの物語の中で醜くなって捨てられてしまったくるみ割り人形を、次の現実世界のエピソードでマーシャが拾い上げるといった演出で、巧みにつながれていた。

こうして、内容の不足を感じていた台本に関しては根本から改変をくわえたものの、ダンスシンフォニーの創作のときに主張したように、バレエ作品の土台は音楽にあると考えるロプホーフは、チャイコフスキーの音楽のすべてのスコアをそのまま使おうとした。そして、台本の内容が広がり、チャイコフスキーが作曲していないシーンの音楽は、最初の予定ではショスタコーヴィチが作曲することになっていた。結局それは実現しなかったが、曲のついていない部分は、手拍子やメトロノームの音、語りの言葉に合わせて踊ることになった。

◆演出・振付について

ロシア・アヴァンギャルドの芸術家たちは、舞台を美術、踊り、マイム、台詞、オーケストラ、歌等々からなる複合芸術として演出しようとした。ロプホーフの『くるみ割り人形』も、音楽の部分でも触れたように、その流れをくんだ演出が感じられた。

さらに、複合芸術としての演出のアイデアについて例を挙げると、原典版台本にないプロローグとエピローグは、音楽を用いないシーンで幕前で行われたが、前口上となるプロローグでは、上手から跳躍で登場したくるみ割り人形（バレエ学校の女生徒）がフットライトに片足を載せ、観客に親しげに語りかけてから、スプリットや側転などのアクロバティックな動きを見せた。このような演出は、複合芸術の手法であると同時に、やはりアヴァンギャルドの芸術家たちが注目した、ロシアの古代の民衆芸術であるスコモローヒ（旅芸人）の要素を強調したものだった。

ロプホーフ版の主役以外の主要な登場人物は、マーシャの人形たちで、生命を得て第一幕から第三幕までマーシャと行動を共にした。この人形の世界は、子供の頭の中の現実だが、同時に、現実世界を反映したアヴァンギャルドの風刺劇場のようなテイストを加えて描かれている。プルチネルラは警察犬のイメージで駆けて行っては密告し、マトリョーシカはたえず誰彼かまわず近くの人物の動きをさえぎりながら、床を洗い、ロシアの百姓は酒瓶を持ち、アコーディオンを演奏した。

同様に風刺に満ち、現実と非現実がない交ぜになった大人の仮面舞踏会――「人々――本当の人形」と題されたエピソードは、とくにホフマン的な不気味さが強調された。魔法使いとなったドロッセルマイヤーに支配されたかのように、大人たちは子供を忘れて仮面の役に没頭した。義足をつけた兵士は戦いの恐怖を表現するためにタップ・ダンスで揺れ、闇の部分をも持つ民衆を連想させるこうもりはこのシーンの最大の見せ場の超絶技巧を見せ、皇帝役は、女帝に隠れて酒を飲んだアレクサンドル三世の逸話から、王冠をはすにかぶり、酔ってすり足（シャッセ）で踊り、その後ろには、鎌を持った死神が歩いていた。こうしてロプホーフの演出では、死の前ではあらゆる人々が平等であるという印象が作られていたのだった。

振付の新しさが際立ったのは、ねずみとくるみ割り人形の戦いの第二幕と、勝利の祝祭的な舞踊シーンが展開される第三幕の、くるみ割り人形の国での人形と主人公たちの踊りだった。メイエルホリド、フォレッゲル等々のアヴァンギャルドの舞台芸術では、サーカスやスポーツ、機械的な要素が取り入れられたが、保守的なアカデミー劇場での制作とはいえ、ロプホーフもそのような要素を積極的に取り入れて、動きのボキャブラリーを増やそうとした。ねずみとの激しい戦いの場面では、バレエ学校の女生徒からプロの男性舞踊手（ピョートル・グーセフ）に入れ替わったくるみ割り人形が、前方後方への連続宙返りをし、のけぞりながらブリッジのポーズになった。第三幕クライマックスのマーシャとくるみ割り人形の踊りでは、二人の踊りに五人の男性が加わり、アラベスクのポーズのマーシャを次々投げ渡したり、開脚で持ち上げた後、そのまま頭が下の開脚のポーズに変えることさえ行った。

◆舞台美術と衣裳について

舞台美術は主として、色のついた可動式のパネルが使われた。それらのパネルは、同系色のグラデーションを作りながら、踊りに参加して様々に位置を変えていった。可動式のパネルは、メイエルホリドが一九二四年初演のヨーロッパ社会の終焉を描いた演劇『D.E.』で、素早い場面転換のために用いたが、ロプホーフのバレエ『くるみ割り人形』では、ダンサーの踊りとともに音楽を表現する色彩と光の結合として存在したのだった。このコンセプトは、ゴンチャローワ、ラリオーノフらの未来派の光線主義者のそれに一致するものである。彼らによれば、「光線主義の絵画では、絵画そのもののエッセンス、つまり、色彩の配合、彩度、彩色の相互関係、深みが最もよく表現され、そうした絵画は、それ自体でありながら音楽に等しいものとなる」。つまり、『宇宙の偉大さ』

ロプホーフ版『くるみ割り人形』雪片の精

でダンスシンフォニーを案出して、音楽を踊りで視覚化することを舞踊芸術の最高の形態と考えたロプホーフは、ここで舞踊と同様に抽象的な絵画をも用いて音楽の視覚化を図ろうとしたと考えられるのである。

一方、第三幕のディヴェルティスマンでは、マーシャが足をかけて乗って回る巨大な遮断機や、ダンサーがその縁の上で踊る巨大なコーヒー・カップなどの構成主義美術が用いられた。

衣裳で話題をさらったのは、アヴァンギャルド舞踊芸術の代表的イメージの一つ、ミニスカートに水泳帽をかぶったミュージック・ホールの「ガール」たちの姿の雪片の精だった。

VI 現在からの評価と後世への影響

ロプホーフの『くるみ割り人形』の発表当時の非難は、主に、雪片の「ガール」などの同時代の軽演劇的要素とチャイコフスキーの音楽との不一致、そして、形式主義全般への当時の批判ゆえのことだった。音楽とシーンの不一致は、作品を復元できるほどの資料が残っていない現在、評価が難しいところだが、ダンスシンフォニーを発案してまで音楽と舞踊の緊密な結びつきにこだわり続けていたロプホーフの作品に、本当にこのような非難があてはまるのかは、疑問に思われる。この批判は、むしろ、チャイコフスキーの音楽に古典バレエ作品のシーン以外は結びつけることができなかった当時の批評家たちよりも、ロプホーフが先に進んでいたゆえのことと考えられるのである。

ロプホーフを形式主義とする批判に関しては、『宇宙の偉大さ』についての部分でも述べたが、ロシア・バレエは伝統的に、心理を踊りで語るドラマを重視する傾向にあり、形式のみの探求は疎んじられてきたのである。この『くるみ割り人形』でも、多数導入されたアクロバティックな新しい動きに何の意味があるのかということが問題にされた。しかし、ロプホーフが考案した新しい舞踊のボキャブラリーは、その後すぐ、一九三四年に発表されて二〇世紀以降の『くるみ割り人形』の古典となったワイノーネン版ですでに活用され（マーシャとくるみの王子、四人の男性の踊りなど）、その後も、一九六六年に発表されて大きな成功を収めたグリゴローヴィチ版のいたるところで使われている。現在では、アクロバティックなデュエットがロシア・バレエの特徴であると言っても過言ではない。

ダンスシンフォニーのジャンルの発案をはじめとして、ロプホーフの創作は、常に同時代のバレエ界の人々よりも先を行く未来のためのものであり、多くが同時代人に価値を認められなかった。現代では、マーク・モリスやマシュー・ボーンが『くるみ割り人形』を現代的に読み替えた作品を発表し、好評を得ているとはいえ、ロプホーフの演出ほどに、同時代の先端を行く舞台芸術の流れを活用した古典の斬新な演出は、バレエ史上非常に稀なものである。ロプホーフの弟子と自認するグリゴローヴィチの傑作とされる『くるみ割り人形』は、現在でさえ新鮮である生を得た人形の演出や振りで部分的にロプホーフ版を語っているが、アヴァンギャルド時代に発表されたロプホーフ版は、これまで述べた諸相からわかるように、グリゴローヴィチ版に比べても、さらに現代のコンテンポラリー・ダンスなどに近く、現代のダンスで用いられている演出を早い時期に実験したものとして、バレエ史に位置付けられると考えられるのである。

第二章

ユーリー・グリゴローヴィチの「シンフォニック・ドラマ・バレエ」

I 「ドラマ・バレエ」の一ジャンル「ホレオドラマ」の確立

一九一七年のロシア革命の前後、これまでの章で述べてきたように、ロシアでは新しい世界にふさわしい新しい芸術表現を求めて、アヴァンギャルドの芸術家たちが様々な実験を試みた。これらの実験は一九二〇年代後半から次第に下火になり、一九三四年、独裁者スターリンの政権下で徹底的に鎮静化され、芸術の路線は、「社会主義リアリズム」に統一されてしまう。「社会主義リアリズム」芸術とは、社会主義の世界を賛美、宣伝する芸術である。アヴァンギャルド芸術運動に対する国からの弾圧は、演劇の鬼才演出家メイエルホリドの粛清などに見られるように、芸術家たちの受難の時代の始まりとなった。

だが一方で、伝統を捨て去ろうとしたアヴァンギャルド運動が、次第に行き詰まりを見せ、やがて自己崩壊していったことも確かである。国が定めた芸術の社会主義リアリズム路線と、こうしたアヴァンギャルド運動の問題点への反省から導き出されたのが、古典を見直し創作の糧とする動きだった。

バレエ界では、一九世紀のロシアの国民的詩人プーシキンやシェイクスピアなどの文学作品を原作として、踊りの感情表現で登場人物の心理を語る「ドラマ・バレエ」の一ジャンル「ホレオドラマ（舞踊劇）」の制作が盛んになった。一九世紀に生まれた古典バレエ作品では、マイムは身体表現の美しさを見せるというよりも状況や心情の説明のために存在し、踊りと分離されていたが、「ホレオドラマ」では、マイムと踊りが融合した美しい身体表現が台詞のように心情を語り、物語を伝えてゆく。そして、説明のためのマイムはできる限り避けられた。

「バレエは芝居である」というコンセプトでの創作は、一八世紀から一九世紀のプレ・ロマン主義、ロマン主義バレエの時代にも行われていたが（第一、二章参照）、「ホレオドラマ」は、それらとは創作法が異なっていた。一八〜一九世紀のバレエは、ステップやポーズの組み合わせがまず考案され、その振りを使って内面やイメージを表現していく。他方「ホレオドラマ」は、モスクワ芸術座でリアリズム演劇の演出を行い世界に大きな影響を及ぼしたスタニスラフスキーの演技術を導入した作法である。ここでは、振付よりも先に、振付家とダンサーが話し合って役の綿密な研究をし、それに基づいて役の性格づけ、イメージ作りを行い、各シーンで、役のイメージ、キャラクターから自然に出てくるであろう心の動きを考え、振りとして創ってゆく。このような、スタニスラフスキーの演技術をバレエに応用した振付によって、心と身体の動きの自然な連動を生み出そうとしたのである。

「ホレオドラマ」がジャンルとして確立されたのは、一九三四年のプーシキン原作、ロスチスラフ・ザハーロフ（一九〇七〜八四）演出振付『バフチサライの泉』（音楽アサーフィエフ）の成功によってだった。このバレエの成功により、ザハーロフは、プーシキンの詩を原作とした『コーカサスの虜』（音楽アサーフィエフ）、『青銅の騎士』（音楽グリエール）などを続けて発表し、一九四〇年にはレオニード・ラヴロフスキー（一九〇五〜六七）が、シェイクスピアの作品を題材にした『ロミオとジュリエット』（音楽プロコフィエフ）を演出振付して大成功を収めることで、「ホレオドラマ」はロシア・バレエ界の創作の主流となった。

「ホレオドラマ」のジャンルの確立に大きな貢献をしたのは、稀有のバレリーナ、ガリーナ・ウラーノワ（一九一〇〜九八）だった。彼女は一九三〇〜四〇年代のこのジャンル確立期にほぼ全ての作品の初演で主役を踊

『ロミオとジュリエット』ジュリエット役ガリーナ・ウラーノワ

り、役の理想的な形象を創り上げたのである。後世のダンサーたちが彼女の踊りを理想的モデルとして役作りを行い、その作品をソヴィエトの古典として継承してきた。ウラーノワなしには「ホレオドラマ」のジャンルは確立されなかったと断言できるほどに、振付家たちは、名女優＝名舞踊手のウラーノワに頼っていた。脚を後ろに上げるアラベスクなどのシンプルなポーズで長い間を作っても、ウラーノワであれば、そのシンプルなポーズに、微妙なニュアンスや色合いの変化を加えて、様々な心の状態を語ることができたのである。

だが、一九五〇年代後半あたりから、「ホレオドラマ」は、動きでの語りによるドラマの構築に腐心するあまり、ドラマ性と同様にバレエの重要な部分である、四肢、上体、頭など身体の各部の調和のとれたポーズの完璧な美しさや、高度で多様な技の魅力、そして、音楽と踊りの緊密な結び付きがないがしろにされがちであるという問題を露呈してきた。とくに、ウラーノワが踊らない舞台では、振りのボキャブラリーの乏しさ、多様性のなさが目立ってしまうことも少なくなかった。

このような状況の一九五〇年代の後半に、振付家としての道を歩み始めたユーリー・グリゴローヴィチ（一九二七〜）の創作は、「ホレオドラマ」の問題を解決するものとして大きな注目を集めたのだった。

ユーリー・グリゴローヴィチ ©Damir Yusupov（写真提供：ジャパン・アーツ）

II　グリゴローヴィチの経歴

グリゴローヴィチは一九二七年一月二日、レニングラード（現サンクト・ペテルブルグ）に生まれた。彼は、冷戦時代の世界を東西に分けるやり方にならえば、二〇世紀の東側の振付の巨匠と呼べ、同時代の西側の振付の巨匠の筆頭は、モーリス・ベジャールということができる。興味深いことに、ともに男性ダンサー中心のバレエを創作し、バレエにおける男性の地位を劇的に引き上げた。しかも、ベジャールは、一九二七年一月一日に生まれている。

母方の伯父は、帝室サンクト・ペテルブルグ舞台芸術学校（現ワガーノワ・バレエ・アカデミー）から帝室マリインスキー・バレエに入団し、その後、西欧でセンセーションを巻き起こしたカンパニー、バレエ・リュスのダンサー、ジョージ・ロザイである。

グリゴローヴィチは一九四六年にレニングラード・バレエ学校（現ワガーノワ・バレエ・アカデミー）を卒業し、キーロフ（現マリインスキー）・バレエにソリストとして入団、六四年までダンサーとしても活躍した。レオニード・ヤコブソーン（一九〇四～七五）振付『シュラレー』のシュラレー、ザハーロフ振付『バフチサライの泉』のヌラーリ役など、個性の強い、あるいは民族舞踊的なキャラクター・ダンス（グロテスク・ダンスとも言えるもの）の役が多かった。ちなみに、伯父ロザイもキャラクター・ダンサーだった。

グリゴローヴィチが振付を最初に手掛けたのは二〇歳の時である。ゴーリキー記念レニングラード文化宮殿のバレエ・スタジオの九歳から一九歳の生徒一二〇人に振り付けた『アイスチョーノク』（ワルラーモフ作曲『七人兄弟』による）で、ワガーノワ・メソッドで有名な教育者アグリッピナ・ワガーノワからも、振付の師と仰ぐフョードル・ロプホーフからも高く評価されたという。

そして、振付家としての本格的な出発となるのが一九五七年。キーロフ・バレエで発表したプロコフィエフの音楽による『石の花』（原作バジョーフ）であった。この作品で振付家としてセンセーショナルなデビューを飾ったグリゴローヴィチは、一九六一年に発表したメーリコフの音楽による『愛の伝説』（原作ヒクメット）でますますその力が認められ、一九六二年からキーロフ・バレエのバレエマスターとなる。一九六四年からは、二〇世紀なかばにソ連国家を代表する劇場になっていたボリショイ劇場のバレエ団のリーダーである首席バレエマスターに就任する。三七歳という若さでの異例の抜擢だった。その後、三一年間同バレエ団を率い、一九八八年からは、さらに大きな権力をもつ芸術監督に就任した。一九九五年にボリショイ・バレエ団内部の対立によって退任を余儀なくされたが、二〇〇八年に再び招かれバレエマスターを務めて

グリゴローヴィチ振付『愛の伝説』女王メフメネ＝バヌー役ウリヤナ・ロパートキナ ©N.Razina（写真提供：ジャパン・アーツ）

いる。

彼の作品はすべて多幕ものの大作で、全面的に新たな演出振付を行ったオリジナル作品と古典作品の改変演出がある。作品のリストは以下の通り。

オリジナル作品

『石の花』

音楽　セルゲイ・プロコフィエフ、初演　一九五七年、キーロフ記念レニングラード・オペラ・バレエ劇場

『愛の伝説』

音楽　アリフ・メーリコフ、初演　一九六一年、キーロフ記念レニングラード・オペラ・バレエ劇場

『スパルタクス』

音楽　アラム・ハチャトゥリャーン、初演　一九六八年、モスクワ・ボリショイ劇場

『イワン雷帝』

音楽　セルゲイ・プロコフィエフ、編曲　ミハイル・チュラーキ、初演　一九七五年、モスクワ・ボリショイ劇場
『アンガラ』
音楽　アンドレイ・エシュパーイ、初演　一九七六年、モスクワ・ボリショイ劇場
『ロミオとジュリエット』
音楽　セルゲイ・プロコフィエフ、初演　一九七九、九九年、モスクワ・ボリショイ劇場
『黄金時代』
音楽　ドミートリー・ショスタコーヴィチ、初演　一九八二年、モスクワ・ボリショイ劇場

古典の改変新演出
『眠れる森の美女』
音楽　ピョートル・チャイコフスキー、初演　一九六三、七三年、モスクワ・ボリショイ劇場
『くるみ割り人形』
音楽　ピョートル・チャイコフスキー、初演　一九六六年、モスクワ・ボリショイ劇場
『白鳥の湖』
音楽　ピョートル・チャイコフスキー、初演　一九六九、二〇〇一年、モスクワ・ボリショイ劇場
『ライモンダ』
音楽　アレクサンドル・グラズノーフ、初演　一九八四年、モスクワ・ボリショイ劇場

『バヤデルカ』
音楽　リュドヴィク・ミンクス、初演　一九九一年、モスクワ・ボリショイ劇場
『海賊』
音楽　アドルフ・アダン、ツェーザリ・プーニ、初演　一九九四年、モスクワ・ボリショイ劇場
『ドン・キホーテ』
音楽　リュドヴィク・ミンクス、初演　一九九四年、モスクワ・ボリショイ劇場

なお、グリゴローヴィチの作品は、キーロフ、ボリショイ劇場以外に、パリ・オペラ座や、ソ連国内各地の劇場でも踊られている。

III　グリゴローヴィチの創作について

1　グリゴローヴィチの「シンフォニック・ドラマ・バレエ」

一九五七年にグリゴローヴィチが発表した『石の花』は、ソヴィエト・バレエ界にセンセーションを巻き起こした。前述したように、一九五〇年代あたりから「ホレオドラマ」はその問題点を露呈してきた。

物語のあるバレエの創作は、大別すれば、ドラマとしての表現の追究と、音楽の表現の追究、技の美しさ、高度さ、面白さの追究から成るが、一九三〇年代にジャンルとして確立された「ホレオドラマ」は、次第にドラマとしての表現の追究に偏り、舞踊芸術の本質的要素である音楽との緊密な結び付きや技の追究がないがしろにされてきていたのである。物語のバレエでこの欠点を克服するためにグリゴローヴィチが考案したのは、創作の基盤を台本に置くのではなく、音楽を基盤にすることだった。

音楽を基盤にし、音楽が単なる伴奏ではなく、踊りによって目に見える形に具現化するバレエのジャンルは、第一一章で言及したように「シンフォニック・バレエ」と呼ばれる。このジャンルはグリゴローヴィチが考案したものではない。一九世紀に数々の古典バレエ作品を生んだ振付の巨匠マリウス・プティパの創作に遡る。グリゴローヴィチの師でプティパを崇拝するフョードル・ロプホーフが、プティパの創作法を発展させ、一層音楽と融合したバレエ作品を創るために、物語を排し、ベートーヴェンの交響曲第四番の音楽構造や質感をそのまま踊りで表現しようとした『ダンスシンフォニー　宇宙の偉大さ』を発表したときに、「シンフォニック・バレエ」と認識されるものが誕生した。ロプホーフの試みは同時代人に理解されず作品はお蔵入りとなってしまったが、『宇宙の偉大さ』に中心的ダンサーとして参加していたゲオルギー・バランチヴァーゼ、後の名ジョージ・バランシンが、米国にわたってこのジャンルを確立させることになる。

しかし、ロプホーフ、バランシン、そしてバランシンの創作に学んだその後の振付家たちの「シンフォニック・バレエ」は、「ホレオドラマ」のようなドラマ・バレエのジャンルに対抗するものであり、基本的に、踊りで物語を伝えたりドラマティックな感情吐露を行わない。一方、グリゴローヴィチが「ホレオドラマ」

の欠点を補うべく、師ロプホーフに学んだ創作法を取り入れたバレエは、台本に基づいて踊りで感情や気分を〝語る〟ことと、音楽を緻密に視覚化することを同時に行い、しかも、国を代表する大劇場ボリショイにふさわしい多幕ものの大規模な作品であるという、困難な課題を克服した新しいジャンル、「シンフォニック・ドラマ・バレエ」とでも名付けられるものだった。

グリゴローヴィチが精力的にオリジナル作品を発表したのは一九八〇年代までで、その時代のソ連ではバランシンの作品が踊られていなかったため、ロシアではグリゴローヴィチのバレエを「シンフォニック・バレエ」と呼んできたが、バランシンの作品がロシア国内でも世界中でも踊られている現在、グリゴローヴィチのバレエは、区別して「シンフォニック・ドラマ・バレエ」と呼んだ方が適切であるように思われる。この創作には、高い音楽性と、感情や思考を身体で的確に表現する力、演劇作品としての演出力が必要とされるのである。

では、具体的に、グリゴローヴィチの「シンフォニック・ドラマ・バレエ」とはどのようなものか。

まず、感情や状況を語るために、グリゴローヴィチは台本を基に作曲されている標題音楽であるバレエ曲を使う（バランシンは基本的に絶対音楽で振付を行った）。そのために、緻密に視覚化しようとすれば、音楽は、振りに感情吐露を盛り込ませてくれるのである。

しかし、それだけでは、「ホレオドラマ」と同様に、バレエの高度な技術の魅力が失われてしまう可能性がある。それを克服すべき考案されたのが、主要な登場人物の感情のトーン、その雰囲気を大勢で増幅させて踊る群舞を使い、ソリストと群舞のポリフォニック（多声的）なアンサンブルを作ることである。この際、群舞は小集団に分けられ、オーケストラの楽器ごとのパート分けのようにそれぞれに異なる振りが与えられて、全ての小集団が同時に異なる踊りの音楽を奏でる。こうして、観客を魅了する高度な技を使いながらの、スケールの大きいポリフォニックな「ダンス・オーケストラ」の〝語り〟のシーンが作り上げられた。しかも、ボリショイ・バレエならではの男性舞踊手の豊富な人材を使った力強い男性群舞が多用され、作品に大きなエネルギーを与えたのだった。

ドラマの構築の面では、『石の花』から美術を担当し続けたシモン・ヴィルサラーゼ（一九〇九〜八九）がグリゴローヴィチの共同制作者と言えるほどに、彼を大いに助けていた。子供時代にはバレエと美術を学び美術の道に進んだヴィルサラーゼは、深くバレエを理解し、作品の本質を描き出す洗練された重厚な舞台装置、踊りやすく、踊ることによってより映える衣裳をデザインし、それらは、グリゴローヴィチの演出振付に多大なインスピレーションを与えた。

2　男性中心のバレエ

グリゴローヴィチは、男性ダンサー中心のバレエを数多く創作した。バレエの主役は、一八世紀までは男性が多く、一九世紀には女性中心の時代に変わり、二〇世紀初めに、ワツラフ・ニジンスキーなどの天才的男性舞踊手が現れることで、再び男性主役の作品も創られるようになる。だが、グリゴローヴィチと、同時期に西欧で同様に男性のバレエを創作したモーリス・ベジャールは、とくに一九六〇〜八〇年代、たとえばボリショイ劇場でプリセツカヤなどの名バレリーナが、自分をアピールできる同時代の作品が少ないのを危惧して自主制作を始めるほどに、男性中心バレエの時代を築いたのだった。

同じように男性中心といっても、そのダンサー像は対照的だった。前述したオリジナル作品のほとんどで、グリゴローヴィチの描く主人公は、たくましい身体で並はずれてスケールの大きい跳躍を駆使する、雄々しい男性像だった。他方、ベジャールの男性舞踊手たちは、彼の最愛のダンサー、ジョルジュ・ドンに代表されるように、細身の身体の美しい筋肉も踊りの大切な要素となり、男の色気、美しさで際立っていた。

3　振付のボキャブラリーとテーマ

『眠れる森の美女』などの古典バレエ作品の大部分は、一九世紀後半に、ペテルブルグの帝室マリインスキー劇場でマリウス・プティパにより生み出された。これらの作品に使われている、一九世紀末までにバレエが改良し進化させながら蓄えてきた動きのボキャブラリーが、「クラシック舞踊」と呼ばれるものである。クラシック舞踊は、人間的な歪みのない、完璧な調和の美しさを身体で描き出そうとする。クラシック舞踊の習得が極めて困難であるのは、基本となる姿勢や脚の向きなどによって、人工的なしかし歪みのない極めて美しい身体を作り、保っていかなければならないからである。

だが二〇世紀に入ると、舞踊作品でも、超自然の世界や王侯貴族ではなく、不完全な人間存在の悩みや苦しみ、喜びが描かれるようになり、そのために、バレエのボキャブラリーにも歪みのある自由度の高い動きが加えられてゆく。このような拡大されたボキャブラリーによるバレエは、「モダン・バレエ」と呼ばれるものである。

グリゴローヴィチが新作を発表していった一九五〇～八〇年代は、「モダン・バレエ」や、クラシック舞踊の厳格な規則、枷を拒否してもっと自由な動きで人間を表現しようとした「モダン・ダンス」の創作が、世界中で行われていた。しかし、グリゴローヴィチの作品は、一九世紀の「クラシック舞踊」のボキャブラリーにはない新しい動きやアクロバティックなリフトが用いられているとはいえ、とくに主要な登場人物たちの踊りは、クラシック舞踊の根本原理である、動きの歪みがない完璧な美しさを保っている。グリゴローヴィチのモノグラフのなかで、彼は好きな言葉として、ストラヴィンスキーがクラシック舞踊に与えた定義「気ままさに対する秩序の勝利」を挙げ、「つまり、クラシック舞踊は、最高の調和への希求なのだ」と述べている。また、「クラシック舞踊は、過去の遺物ではなく、たえず新しい要素を取り込んでゆくもの、同時代の所作、身振りを取り込むことができるものである。それこそが、クラシック舞踊の普遍性を保証するものなのだ」と語る。グリゴローヴィチがクラシック舞踊の信奉者であることは有名だが、クラシック舞踊を知り尽くしその究極の美を心から愛しているからこそ、破壊せずに発展させてゆくことができたのである。「私は舞踊の進化が進んでゆく方に行きたいのではない。プティパに向かって前進したい」という彼の言葉が、それを語っている。

4　古典作品の改変新演出

グリゴローヴィチはクラシック舞踊の信奉者であるため、古典作品の改変新演出においても、できる限りクラシック舞踊の見せ場のシーンを増やしている。一九世紀にプティパが創作した古典作品は、マイムで状況の説明を行い、クラシック舞踊や民族舞踊で踊りの見せ場を作っているが、グリゴローヴィチは、マイムをほぼすべて排除して、常に踊りの面白さや美しさを見せながら状況を語る振付を考案している。また、『白鳥の湖』の王子の花嫁選びの舞踏会などに見られるように、プティパの振付においては、トウシューズの爪先立ちではなくヒールのついたシューズでの民族舞踊が、クラシック舞踊とは異なるテイストの魅力となっているが、グリゴローヴィチの古典作品の新演出では、民族舞踊もトウシューズでのクラシック舞踊にし、ポーズやステップでスペイン、ロシア等々の民族舞踊スタイルの色づけをする。このため、民族舞踊の踊りにも、通常は入らないクラシック舞踊の鮮やかな技の見せ場が加えられている。

古典作品の改変新演出の方針としては、原典版にできる限り手を加えずに上演して保存してゆくべきという考え方と、保存を考慮しながらも同時代の踊り手の身体や力量、観客や社会の要求を加味した新演出を施すべきという考え方、さらには、原典版の保存は考慮せず、古典をもとに全く新しい作品を創るという考え方がある。

第一の方針は、古典を生んだペテルブルグのマリインスキー劇場に代表されるもの、第三の方針は、ロシアでプティパが生んだ古典を自分たちの古典と考えない欧米の劇場や、ロシアでもエイフマン・バレエなどのオリジナル作品のみをレパートリーとする劇場に見られるもの。そして、グリゴローヴィチは第二の方針の代表である。「劇場は博物館ではなく、時代とともに生きるものである」という考え方。古典を非常に愛しているゆえに、「過去の遺物とならないように、時代とともにあらたな活力を吹き込んでゆきたい」というのが、彼の意見である。それゆえ、彼の改変新演出の古典作品は、一九世紀とは異なる現代のスピード感をもって展開して上演時間も短縮され、技も現代のダンサーの、一九世紀より進化した技術にふさわしい複雑さが加えられている。

Ⅳ 代表作『スパルタクス』

グリゴローヴィチのオリジナル作品の実例として、現在もボリショイ・バレエならではの演目として世界で人気の高い、古代ローマの奴隷の反乱を描いた『スパルタクス』を取り上げよう。

ニコライ・ヴォールコフの台本によるハチャトゥリャーンのバレエ音楽『スパルタクス』は一九五四年に完成し、五六年にレオニード・ヤコブソーンの演出振付により、レニングラードのキーロフ劇場で初演された。ヤコブソーン版は現在でもマリインスキー劇場のレパートリーに入っており、六二年からモスクワのボリショイ劇場でも上演されていたが、六八年にグリゴローヴィチが勇壮な男性のバレエとして発表した版が大成功を収め、とくにソ連時代、強さと美しさを兼ね備えた、国の象徴としてのボリショイ・バレエの、顔とも言える演目となった。

作曲家ハチャトゥリャーンは、過去の長い歴史のなかでたびたび侵略と抑圧を経験してきたソ連邦アルメニア共和国の出身であり、このバレエ音楽には、そのような国の人々の深い苦悩が込められている。音楽には、反乱を決意するまでにスパルタクスの体内で増大してゆく怒りのエネルギー、反乱のリーダーとなって大勢を率いてゆく者の不安や緊張、愛する妻フリーギヤとの心のいたわり合いなどが、細やかなニュアンスで情感豊かに描かれている。

「私は強く、複雑で、非凡な登場人物を描くのが好きです。そのような人間が深刻な状況のなかで決断しなければならない、そのドラマティックな場面で露わになる気質や性格を描くことが好きなのです」と語るグリゴローヴィチにとって、ハチャトゥリャーンの音楽をベースに創作を行うことは、非常にやりがいのあるものであったにちがいない。当時存命中のハチャトゥリャーンは、それまで自分の音楽の振付に不満を抱いていたが、当時四一歳の若手であったグリゴローヴィチは、臆することなくこの大作曲家と話し合いを重ね、音楽の再編成を作曲家と協同で行いながら演出振付を行うことで、踊りを音楽の感情の深みに到達させることができたのである。しかも初演のスパルタクス役ウラジーミル・ワシーリエフと妻フリーギヤ役エカテリーナ・マクシーモワ（一九三九～二〇〇九）は、極めて高度で美しい技のなかに、深く繊細な心理の表現を注ぎ込むことができた（カバー写真）。彼らの名演、そして、ボリショイならではの男性舞踊手の人材の豊富さが、このバレエの世界的成功の要因となった。

1　バレエ『スパルタクス』のあらすじ

紀元前七三～七一年にかけて、ローマ帝国の軍隊は、軍司令官クラッススをリーダーとして近隣諸国を次々と征服し、何千という人々を捕虜にしていく。主人公スパルタクスもその一人である。ローマの城壁のそばで、貴族に売るための奴隷の選別が行われ、スパルタクスと妻フリーギヤは、抵抗もむなしく引き離されてしまう。

クラッスス邸で大酒宴が開かれている。クラッススに買われてしまったフリーギヤに、道化や芸伎たちが放埒な踊りで絡む。酒宴に興をそえるために、二人の剣奴が広間に出される。目隠しでの死闘のあと、勝者の仮面が取られると、それはスパルタクスだった。自分と同じ虜囚を殺してしまったスパルタクスは、権力者への激しい憤りを感じ、剣奴の営舎で仲間たちと蜂起を誓い、脱走を企てる。

アッピア街道を反乱軍が進んで行く。そのリーダーはスパルタクス。賛同者がどんどん反乱軍に加わってゆく。

反乱軍は、クラッススの別荘を包囲する。スパルタクスはそこでフリーギヤと再会する。

貴族たちにオリンポスの神々の再来と称賛され酒宴に興じているクラッススの前に、突然スパルタクスが現れる。反乱軍はクラッススを捕まえ、殺そうとするが、スパルタクスは決闘を望む。決闘の最中に剣を落としたクラッススは、スパルタクスに赦免を哀願する。スパルタクスは皆に、その腰抜けぶりを見るがよいと言って、クラッススを追い返す。

愛するクラッススが侮辱され復讐に燃える愛妾エギナは、芸伎たちと、慰問と称してスパルタクス陣営にやって来る。ローマ軍の進撃の知らせを聞いて反乱軍の一部が動揺し、統制がゆるんだそのとき、エギナは芸伎たちと酒で反乱軍を誘惑し、そこに進撃してきたローマ軍が彼らを一網打尽にする。スパルタクスの隊列はばらばらに散り、槍衾を作って迫るクラッススによって、スパルタクスは血祭りに上げられる。フリーギヤの嘆き、スパルタクスの兵士たちによる静かなレクイエムによって幕が閉じられる。

2　場面構成と振付の手法について

第一幕

『スパルタクス』(ボリショイ・バレエ、スパルタクス役ミハイル・ロブーヒン、フリーギヤ役アンナ・ニクーリナ)/Getty Images

第一場　進撃
①ローマ帝国軍の進撃の踊り
②スパルタクスは捕虜となる
第二場　ローマの城壁のそば
③捕虜は奴隷としてローマの貴族たちに売られ、スパルタクスと妻フリーギヤは引き離される
④フリーギヤの悲しみの踊り
第三場　クラッスス邸の大酒宴
⑤フリーギヤがクラッススに買い取られる
⑥クラッススの関心を引こうとする愛妾エギナの妖艶な踊り
⑦剣奴の死闘、仲間を殺してしまったスパルタクスは衝撃を受ける
第四場　剣奴の営舎
⑧スパルタクスが仲間に蜂起を訴え、奴隷たちは脱走を企てる

第二幕
第一場　アッピア街道
⑨反乱軍は羊飼いなどの民衆の仲間も増やしながら進み、スパルタクスはリーダーとなる
第二場　クラッススの南の別荘
⑩スパルタクスとフリーギヤが再会する

第三場　クラッススの勝利
⑪勝利に酔うクラッススの酒宴
⑫スパルタクス率いる反乱軍が別荘を包囲する
第四場　クラッススの敗北
⑬スパルタクスは捕らえられたクラッススを殺さず、決闘を望む
⑭剣を落としたクラッススは赦免を哀願し、その軟弱さに呆れたスパルタクスは彼を放免する

第三幕
第一場　陰謀
⑮クラッススが反乱軍討伐に出発する
第二場　スパルタクスの陣営
⑯エギナが反乱軍の慰問に訪れる
⑰フリーギヤとスパルタクスの不安にかられるアダージョ

『スパルタクス』（ボリショイ・バレエ、スパルタクス役デニス・ロヂギン）／Getty Images

⑱ローマ軍進撃の知らせ
第三場　裏切り
⑲エギナは動揺する反乱軍に酒と女を与え、そこへローマ軍が攻め入り、反乱軍を一網打尽にする
第四場　最後の戦い
⑳反乱軍はローマ軍に包囲される
㉑合戦
㉒血祭りに上げられるスパルタクス、フリーギヤの嘆き

グリゴローヴィチの『スパルタクス』演出振付の大きな特徴は、スパルタクスの反乱軍とクラッススのローマ軍の対比を、ソリストも群舞もすべて踊りで鮮明に描き出し、その対照的な舞踊シーンを映画のモンタージュのように効果的につなぐことによって、インパクトの強いドラマを作り上げていることである。たとえば、①ではナチス・ドイツを思わせる冷酷な兵士の群舞と憂愁に満ちた捕虜たちの群舞が入り混じり、捕虜たちの悲しみが②でスパルタクスの悲しみと苦悩のソロに集約されていく巧みな流れ。あるいは、⑨で自由への希望をもって意気揚々と踊る反乱軍の群舞に対して、⑩のスパルタクスとフリーギヤのパ・ド・ドゥ（デュエット）は、再会の喜びとともに、反乱のリーダーとその妻としての不安、心配が込められ、舞踊による複雑な心理ドラマが形成されてゆくのである。

パ・ド・ドゥとしての最大の見せ場である⑩と⑰のスパルタクスとフリーギヤの踊りは、アクロバティックな難易度の高いリフトを駆使し、かつ、美しいポーズのなだらかな流れとなって音楽と融け合ってい

るが、同時にそれが互いの深い愛と不安を伝える対話ともなってドラマを作り上げてゆく。

一方、⑥のローマ軍の酒宴での冷酷なクラッススと妖艶な愛妾エギナの踊りは、スパルタクスたちとは対照的に、鋭角的なポーズや強いアクセントをつけた大胆な動きが多く、彼らの内面や関係を表現する対話となっている。

群舞の振付の対照も興味深い。たとえば⑪のローマ軍と⑨や⑫の反乱軍の表現。⑪の群舞は、古典主義的ながっしりと揺るぎない対称形をとり、集団で移動する軌跡も踊りの動きも直線的で、威圧や抑制を感じさせる。一方、⑨や⑫の群舞は、円や半円などの曲線形や遠くに伸びてゆく対角線などのフォーメーションをとり、スケールの大きな跳躍やクラシック舞踊の型を崩した動きなど、自由や飛び立つエネルギーを感じさせるのである。そして、まさにこのシーンで、グリゴローヴィチのオ

『スパルタクス』（ボリショイ・バレエ、スパルタクス役イワン・ワシーリエフ）／Getty Images

リジナルのアイデアである、グループ分けされた各集団が複雑に絡み合い共鳴し合うポリフォニックな群舞と、主人公の稀有の高さの跳躍が織りなす圧倒的な舞踊シーンが展開される。

以上、代表作『スパルタクス』を検討したが、この創作の基本はグリゴローヴィチの全オリジナル作品に共通するものである。こうして彼は、音楽を舞踊で巧みに視覚化しながら、妙技をふんだんに盛り込んでバレエの技の面白さ、美しさもアピールしつつ、深い精神性をもつ舞踊ドラマを作り上げたのである。

第一三章

ロシア・モダン・バレエの旗手エイフマン

現在ロシアで最も崇敬されている振付家の一人ボリース・エイフマン（一九四六〜）は、芸術表現の自由が制限されていたソ連時代から、国内で苦労を重ねてモダン・バレエを牽引してきた。この章では、そのようなエイフマンの芸術を取り上げ、ロシアならではと言える彼の創作、活動の特徴を明らかにしてみたいと思う。

なお、エイフマンのバレエ団が一九九〇年に株式会社ジャパン・アーツの招聘によって初来日したのは僭越ながら私の推薦によるものであり、それ以来、ジャパン・アーツの依頼もあって、数多くのインタビューをエイフマンと彼のダンサーに行うことができた。また、三十数年の舞踊評論活動のなかで、ほかの多くの振付家やダンサーにもインタビューを行ってきたため、現役で精力的に活動を続けているエイフマンについての本章の考察は、エイフマンやその他の芸術家への多数のインタビュー資料と、舞踊評論家としての私自身の公演の所見が、主要な資料となっている。

ボリス・エイフマン ©Eifman Ballet of St. Petersburg（写真提供：ジャパン・アーツ）

I　振付家ボリース・エイフマンとそのバレエ団について

『巨匠とマルガリータ』巨匠、マルガリータ、ヴォラント

まず、ソ連時代の一九七〇年代から、ロシアのモダン・バレエを発展させてきたエイフマンと彼のカンパニーの活動の足跡を追ってみよう。

ボリース・エイフマンは、ロシアのサンクト・ペテルブルグのエイフマン・バレエを主宰する振付家であり、ロシア・バレエのモダニズム推進者の旗手とされてきた。

彼は、一九四六年シベリアのルプツォフスクで、ユダヤ系ロシア人の家庭に生まれた。キシニョーフ・バレエ学校に入学し、卒業後、レニングラード音楽院バレエマスター科で学ぶ。その後、一九七二年から五年間、ワガーノワ・バレエ・アカデミーの振付家を務めたのち、一九七七年、アカデミー卒業生を集めて、現在のエイフマン・バレエの前身ノーヴィ(新しい)・バレエを創立した。ブレジネフ時代のソ連での、芸術に対する大きな制約とユダヤ人ゆえの迫害に苦しむ活動が続いたが、ドストエフスキー原作『白痴』、ソ連時代発禁になっていたブルガーコフの小説をもとにした『巨匠とマルガリータ』等々で脚光を浴び、一九八九年から国立のバレエ団となる。以後外国公演も許可され、瞬く間に世界の注目を浴びるようになった。

ボリショイ・バレエ、ウィーン国立バレエ、ベルリン国立バレエ等々の世界トップレベルのバレエ団が、彼の作品を踊っており、日本の新国立劇場バレエ団も、『アンナ・カレーニナ』をレパートリーに入れて、好評を博した。ロシア・バレエ出身で世界の舞台で活躍してきたスーパースター、ウラジーミル・マラーホフが、

『チャイコフスキー〜光と影』チャイコフスキーと妻のデュエット ©山本茂夫

エイフマンの傑作『チャイコフスキー～光と影』で主役チャイコフスキーを好演したことは、大きな話題となった。

II　エイフマン・バレエの結成経緯

では、エイフマンが困難を覚悟でプライベート・カンパニーを結成することになる経緯はどのようなものだったのだろうか。そのためには、まず、エイフマンが身をおいてきたロシア・バレエ界の歴史とソ連時代の社会的背景を考えなければならない。

1　ロシア・バレエのモダニズムの始まり――アヴァンギャルドの実験

一九一七年のロシア革命前後から一九三四年のスターリン独裁の始まりまでの間、これまでの章で述べているように、ロシアでは、新時代にふさわしい新たな芸術を求めて、あらゆる分野で、帝政時代の伝統を断ち切ろうと大胆な実験が展開された。舞踊芸術でも、有名な例では、ニコライ・フォレッゲルが「メカニック・ダンス」などを考案し、ロシア・バレエの伝統の蓄積の集大成であるワガーノワ・メソッドに対抗するメソッド、「タフィヤトレナージュ」を編み出した。カシヤーン・ゴレイゾフスキーは、古典作品に未来はないと豪語してボリショイ・バレエを飛び出して、レビュー作品や構成主義美術の裸足でのダンス作品を発表し、フョードル・ロプホーフは、マリインスキー・バレエのリーダーの立場のまま、バランシンのシンフォニック・バレエの先駆けとなったダンスシンフォニー『宇宙の偉大さ』などを発表した。

2　アヴァンギャルド芸術の消滅と社会主義リアリズムへの転換――スターリン時代

だが、これらの数々の実験は、一九三四年に、芸術表現の社会主義リアリズム路線（社会主義のプロパガンダとしての芸術）が定められたことと、伝統を無視したことによるアヴァンギャルドの芸術的発展の行き詰まりから、姿を消していった。フォレッゲルは一九三九年に死去し（原因不明）、ゴレイゾフスキーは地方の劇場に左遷され、ロプホーフは新たなバレエの実験ではなく、古典作品の復元保存に力を注いだ。

舞踊芸術界では、アヴァンギャルド時代の最後の世代にあたるレオニード・ヤコブソーンのみが、検閲による当局の圧力に苦悩しながらも、モスクワのボリショイ劇場（一九三三～四二）とレニングラードのキーロフ（現マリインスキー）劇場（一九四二～五〇、一九五六～七五）、そして一九六九年に結成した自らのバレエ団ミニアチュール劇場で、独自の舞踊言語の開発を続け、独創的感覚の、官能的で音楽性の高い作品を発表していった。マイヤ・プリセツカヤ、ナターリヤ・マカーロワ、ミハイル・バリシニコフなどの反骨精神に富む、後に世界的スーパースターとなったダンサーたちが、若い時代からヤコブソーンを支持し、彼の振付、指導で優れた舞台を創り上げた。

「ヤコブソーンからはたくさんのことを学びました。とくに自分にとって未知であった身体の使い方を。『南京虫』のヒロインは私のために振り付けられたものです。今年復元されたのですか？　でも、あの役の踊りは私しか知らないのに、不思議ですね。大好きな役ですし、ヤコプソーンも、私の踊りをとても気に入ってくれました」（ナターリヤ・マカーロワへのインタビュー、二〇〇九年）

ヤコプソーンについては、やはりユダヤ人としてスターリン時代に辛酸をなめ、芸術表現の制限に苦しみぬきながらも、ロシア・バレエ界に新風を吹き込んだ才能豊かな振付家として、エイフマンと並べて語られることも多い。ここで、ヤコプソーンの創作活動について、少し詳しく述べておこう。

3　時代に埋もれた大才レオニード・ヤコプソーン

ヤコプソーンの人生は、自由な創作活動が行えなかったスターリン時代ソ連の芸術家の、しかも弾圧の激しかったユダヤ人芸術家の苦悩を如実に語っている。同年齢で、入学年は異なるが同じペテルブルグの名門ペトログラード舞台芸術学校（現ワガーノワ・バレエ・アカデミー）で学んだジョージ・バランシンは、一九二〇年代に国を去り、欧米でセンセーションを巻き起こしたバレエ・リュスでの活動を経てアメリカで活躍し、二〇世紀屈指の振付家と称される。それに対し、同様に大才でありながら、国内での創作を続けたヤコプソーンがもろ手を挙げて称賛されるようになったのは、ソ連が崩壊してからである。

バレエ学校時代に前述のようなロシア・アヴァンギャルドの活動を目の当たりにしていたヤコプソーン

は、すでに学生時代から実験的な創作を発表していた。だが、当時バレエ学校のリーダーであり、ロシア派クラシック舞踊の基盤をワガーノワ・メソッドとしてまとめ上げたアグリッピナ・ワガーノワは、そのような実験活動を嫌い、ヤコブソーンと対立した。そのため、二六年にレニングラード・バレエ学校（現ワガーノフ・バレエ・アカデミー）を卒業したとき、通常は彼の才能があれば当然そのまま入団するであろうキーロフ（現マリインスキー）・バレエに、入ることができず、一時、バレエ学校の教師を務めたのち入団することになった。

バレエ団での最初の演出振付は、一九三〇年にキーロフ・バレエがショスタコーヴィチ作曲の新作『黄金時代』を制作した際の第二幕の創作だったが、当時ソ連では認められていないタンゴやタップ・ダンスなどを用いたため、当局から不評を買った。そして、三一年にワガーノワがバレエ団のリーダーになると、ヤコブソーンのマリインスキーでの創作は不可能になってしまったのである。

それでも彼は、ほかの町で作品を発表し続け、ソ連でのこの振付家への関心は高まっていった。四一年には、モスクワのボリショイ・バレエが、彼のバレエ『シュラレー』の初演を行おうとした。だが、ソ連へのドイツの侵攻により初演は中止になり、代わりに一九五〇年に、キーロフ・バレエがこの作品を初演した。当時リーダーになっていたピョートル・グーセフが、四九年にヤコブソーンを振付家として招いたのだった。公演は大成功だったが、反ユダヤキャンペーンが激化していた時期で、共産党員のダンサーたちが彼を排斥しようとしたことなどから、ヤコブソーンは劇場をやめさせられることになり、地方の劇場に左遷されて、小品のみを創り続けた。多幕ものをつくることは許可されていなかったという。

一九五三年のスターリンの死後、反ユダヤキャンペーンが下火になり、キーロフ・バレエに再び招かれて一九五六年に発表したのが、ハチャトゥリャーンの音楽による有名な大作『スパルタクス』で、現在も、マリインスキー・バレエで復活上演されている。トウシューズを使わず、物語にふさわしい古代ローマ時代のサンダルを履き、クラシック舞踊の語彙を自由に変形した動きを用いた、独創性に富む作品である。ただ、初演は絶賛されたものの、当時のクラシック舞踊保守派はこの作品を激しく非難し、結局、『スパルタクス』の代表作は、クラシック舞踊を駆使したグリゴローヴィチ版となった（第一二章参照）。

このような不自由な創作の年月を経て、ヤコブソーンがやっと自由な創作のできる小規模バレエ団、現在のロシア国立サンクト・ペテルブルグ・アカデミー・バレエの前身が国により結成されたのが、一九五九年である。このバレエ団でヤコブソーンは数々の珠玉の小品を発表し、一九六一年のモンテ＝カルロのゴールデン・ニンフ賞をはじめとするいくつもの国際的な賞を受賞した。初期にはピョートル・グーセフがリーダーを務めていたが、六九年よりヤコブソーンがリーダーとなり、「舞踊ミニアチュール」という団名で数々の小品を創り続けたが、六年後の七五年、彼は癌でこの世を去った。

ヤコブソーンの創作の特長は、まず、音楽性の高さ。音楽性の高さと言えばすぐに思い浮かぶのが、同年齢、同窓の前述のバランシンである。両者ともその高い音楽性で、音楽を舞踊で見事に視覚化しているが、バランシンが音楽をデリケートに大切に扱って、細部にいたるまでそのまま舞踊の形に変換してゆく観があるのに対し、ヤコブソーンは、音楽のリズムや質感を緻密に表現するとはいえ、自分の強い個性での音楽の捉え方に音楽を同化させてしまうような創作である。そしてその強い個性が、極めて魅力的なのである。バランシンとヤコブソーンが同じ音楽で創作を行ったら、両方ともがぴったり音楽と一致した表現であるのに、全く違ったカラーの作品になったに違いない。

ヤコプソーンのそのような音楽表現でわかりやすい例を挙げれば、ニジンスキーが初演し、多くの振付家が手掛けているストラヴィンスキー音楽の『春の祭典』がある。初演以来、打楽器かのような弦の強い響きを暴力的に受け取って、生贄の儀式のテーマを盛り込んでいる作品がほとんどであるが、ヤコプソーンは、その音楽の一部を使って、『トロイカ』というロシアの民族衣装の女性三人と男性一人の小品を創った。それは、雪の中をはしゃぎながらトロイカのように進む四人の踊り。ヤコプソーンにとって、ストラヴィンスキーの打楽器のような弦の響きは、作曲家が考えた通り、わくわくし心はずむ「音の遊び」であり、かつ、ロシア民謡を下敷きにしたロシアらしいメロディーであったのだろう。ロシアの民族舞踊風の急速なステップで踊ることに酔い、トロイカのように蛇行して進んでゆく四人のこの作品は、まさに音楽とぴったり融け合っているのである。

そして、ヤコプソーンのもう一つの特長が、この個性から生まれる独創的な動きやシーン作りのアイデアである。しかも、舞踊語彙が豊富で、かつ、創意に富むポーズのラインの美的センスが絶妙である。例えば以前に日本でも上演された傑作『ロダン』。この作品では、ロダンの様々な彫刻が、ドビュッシーの音楽に合わせて動き出し、最後にまた彫刻の形に戻る。彫刻の姿から浮かぶイメージで、そこにキャラクターや感情が吹き込まれ、彫刻のイメージが保たれながらポーズが次々と紡がれてゆく。石膏のような色の全身タイツの美しい生身の肉体の、ロダンの彫刻の美しさに匹敵するダンス、彫刻が生を与えられて語る瑞々しい感情のドラマである。このように、ヤコプソーンの才能は世界バレエ史に記されるべき稀有のものであり、スターリン時代に十分に公開されなかったこの才能の正当な評価を、すでに本国とアメリカではかなり進んでいるように、今後世界がもっと進めていかなければならないだろう。

4 フルシチョフの「雪解け」時代

さて、話をロシア・バレエ史全般に戻すと、一九五六年にフルシチョフが政権を握り、スターリン批判を行って西側に歩み寄りを示したとき、ソ連芸術界の状況は大きな変化を見せた(ソルジェニーツィンの『イワン・デニーソヴィチの一日』などの出版もこの時代)。レニングラードのキーロフ・バレエでは、ヤコブソーンの官能的な『スパルタクス』が上演され、ユーリー・グリゴローヴィチが、クラシック舞踊に自由な動きを加えた舞踊語彙でのドラマティックなシンフォニック・バレエを発表し始めた。モスクワでは、やはり独創的なアイデアにあふれる大才イーゴリ・モイセーエフ(一九〇六～二〇〇七)が、一九四三年に有名な民族舞踊団を結成して成功を収めていたにもかかわらず、新たにモスクワ・クラシック・バレエ団を結成して、ゴレイゾフスキー、アサーフ・メッセレル、当時新進気鋭の振付家であったオレーグ・ヴィノグラードフ(一九三七～)や自らの小品を、国内外に紹介した。プリセツカヤがキューバのアルベルト・アロンソに振付を依頼して制作した『カルメン』初演もこの時代、一九六四年である。ほかにも、ナターリヤ・カサートキナ(一九三四～)、イーゴリ・ベーリスキー(一九二五～)等々、多くの振付家が新しいバレエの探求を始めた。

フォーキン著『流れに逆らって』やバレエ・リュス関係の書籍、アヴァンギャルド芸術に関する論文や書籍が世に出たのもこの時だった。

西側の大きな才能にも、ソ連の人々はこの時代に初めて出会うことができた。二〇世紀はじめにロシアを去ったジョージ・バランシン率いるニューヨーク・シティ・バレエ、演劇的バレエの数々の名作を生んだジョン・クランコ（一九二七〜七三）率いるシュツットガルト・バレエ、才気あふれるフランスのローラン・プティ（一九二四〜二〇一一）率いるパリ・バレエ団などが、初めてソ連公演を行った。

5　再び閉ざされた鉄のカーテン

しかし、フルシチョフが一九六四年に失脚し、ブレジネフが政権を握ると、社会主義リアリズムへの回帰が提唱され、「雪解け」時代の芸術創造の自由な試みは再び消滅の危機に瀕していた。だが、「雪解け」時代があまりにも短期で終わってしまったため、スターリン時代の厳しい抑圧を解いて火を噴いた自由への希求を、人々は簡単に消し去ることはできなかった。

そして舞踊界では、悪名高き「芸術委員会」の検閲で新作発表のたびに苦い思いを繰り返し味わわせられながらも、新しいダンス作品創造の実験が続けられていたのである。したがって、一九七〇年代から八〇年代は、筆者も自身の目で見ているが、ボリショイ、キーロフ、モスクワ音楽劇場バレエ等々の国立劇場でも、新しい舞踊語彙の探求が盛んに行われ続けていた。それを可能にしたのは、モスクワ・クラシック・バレエの芸術監督カサートキナによれば、極めてレベルの高い民族舞踊団、モイセーエフ・バレエを率いて世界にソ連の舞踊芸術のすばらしさをアピールし当局の信頼を得ていた、イーゴリ・モイセーエフの言葉だったという。

「短期間しかなかった雪解けが終わってしまったとき、イーゴリ・モイセーエフが、新しい舞踊の探求がいかに大切であるかということを、方々に書いてくれたのです。彼のおかげで、当局が、その必要性を認めたのです」（カサートキナへのインタビュー、二〇一三年）

エイフマンが「同時代人と思いを分かち合えるバレエを創りたい」と自らのバレエ団の創設に踏み切ったのは、このような状況のソ連においてだった。ソ連政府御用達の空疎な芸術でもなく、古典作品の王侯貴族や天上の完璧な美の世界でもない、同時代人の心に通じる不完全な生身の人間の様々な思いを、クラシック舞踊を大胆に変形させた動きで雄弁に語るエイフマンのバレエは、瞬く間に大きな注目を集めるようになった。

しかし、反動のブレジネフ時代に、このようにプライベートのカンパニーを創り、社会主義リアリズム路線を無視した作品を発表するユダヤ人エイフマンの活動は、当然、困難を極めるものだった。

「本拠のスタジオを何年も得ることができず、芸術委員会は毎回作品の大幅な改変を迫りました。当局は私のバレエ団を抹殺しようとし、私に国外退去を求めました。しかし、リハーサルの場で私を待っている仲間たちの顔を思い浮かべるといつも、ここに残って創作を続けようと思いました。そして、モスクワのロシア・ホテルの劇場で作品を発表するようになったとき、モスクワの批評家が私を救ってくれたのです。ソ連時代の有力紙プラウダとイズヴェスチヤの批評家が、私の舞台を絶賛してくれたことで、当局は私のバレエ団を認めるようになったのです」（エイフマンへのインタビュー、一九八七年）

このような苦しい活動を強いられたエイフマンの作品が、同時代の欧米の振付家たちとは異なり、強い感情の吐露に満ちているのは当然のことだろう。

III エイフマンの創作とロシアの舞台芸術の伝統について

エイフマンのバレエは、身体による語りによって物語を紡いでゆくとしばしば語られる。このようなエイフマンの創作が、ロシア舞台芸術の伝統とどのように結びついているかを検討しよう。

「私は物語るバレエというロシア・バレエの伝統を継承しています。語りとなるダンスを用いながら、単なるダンスではない、総合的な意味での〝劇場〟と言える舞台創りを目指しています。〔…〕感情から動きが生み出され、そうして生み出された振付が感情そのものとなることが理想です。このような舞踊語彙が、私の創作の独自性になると思われます」（エイフマンへのインタビュー、一九八七年）

この創作スタイルについてのエイフマンの考え方は、現在もなお変化していない。したがって、ここでは、これまでの章で述べたロシア・バレエの伝統の特徴を簡潔にまとめ再確認し、エイフマンがそこから何を汲み取り発展させているのかを考えてみたい。

1　伝統的なロシア・バレエの特徴について

一八世紀に西欧からバレエを移入して始めたロシアに、最初に指導にやってきたのは、「バレエは芝居である」ということを盛んに唱え、顔の表情を重要視するために、それまで用いられていた仮面を廃止することを提唱したバレエ改革者たちだった。そのため、ロシアには仮面をつけたバレエの時代がなく、最初から演劇性を重視する基盤が築かれた。

一九世紀後半、ロシア・バレエに黄金時代をもたらしたマリウス・プティパの創作は、物語の枠組みはあったが、プティパにとって重要な部分、プティパの才能が発揮されている部分は、動きに意味をもたせずに、純粋にフォルムの美しさを見せる部分だった。それゆえ、ダンスの動きに、言葉に置き換えられるような意味を込めることを否定したバランシンにとっては、ロシア・バレエの伝統はプティパの作品であったが、エイフマンにとっては、プティパの作品は、テクニックは別として、創作法としては規範となっていない。プティパの次世代でプティパに対抗するために、プティパ以前の演技を重要視したロマン主義バレエに範を求め、地上的な生身の人間の語りを身体表現にして、演劇的なバレエを創作したアレクサンドル・ゴールスキーやミハイル・フォーキン、そして、スタニスラフスキー・システムを導入して、彼らの手法をさらに発展させた一九三〇年代以降のドラマ・バレエの諸作品が、エイフマンの創作の基盤になっていると考えられる。「感情から動きが生まれる」という創作法は、まさにスタニスラフスキーの演出法に当てはまるものである。

また、エイフマンが振付家としての道を歩み始めたワガーノワ・バレエ・アカデミーを総本山とするロシアのバレエ教育システム、ワガーノワ・メソッドは、個々の動きに必ず感情や何らかのニュアンスを込める教育法である。ワガーノワの一番弟子であるガリーナ・ウラーノワの、動きがすべて語りとなり、しかも、美しいテクニックともなっている踊りは、「俳優としての踊り手」を求めるエイフマンの理想であると考えられる。

このように、直情のドラマを創ることの少ない同時代の欧米のコンテンポラリー・ダンスの多くの振付家とは異なるエイフマンのダンスのドラマは、ロシア・バレエの伝統を継承して独自性を出そうとしているものなのである。

2　他のジャンルのロシア芸術の伝統との結びつき

「バレエの舞台は演劇よりも保守的です。私は自分の演出を、演劇に肩を並べるものにしようとしています」（エイフマンへのインタビュー、一九八七年）
「私の舞台で、道具は人間と同じように、思想や感情を表現する役割を担っています」（エイフマンへのインタビュー、一九九六年）

常に自ら台本を書き、ドストエフスキーの『白痴』や『カラマーゾフの兄弟』、ブルガーコフの『巨匠とマルガリータ』のような長編小説も二時間ほどの二幕ものに仕上げてしまうエイフマンの台本の原則は、物語を説明するのではなく、登場人物の心理や感情の流れを舞台に載せることである。この原則の根底にあると考えられるのは、心理の追求から俳優の行動を考えていった、モスクワ芸術座のスタニスラフスキー・システムである。

道具を人間と同様に扱うという演出は、メイエルホリドをはじめとするロシア・アヴァンギャルド演劇の構成主義美術の舞台で行われ始めた。舞踊芸術では、ゴレイゾフスキー演出振付の『美しきヨセフ』が最初の構成主義美術の舞台であり、丘陵などを表現した台が、ダンサーと一体となって様々なシーンを描いていた。だが、構成主義美術の舞台は、ロシアではダンスよりも主に演劇で受け継がれてきた。ペテルブルグのマールイ・ドラマ劇場の鬼才演出家レフ・ドージンなどに影響を受けているというエイフマンは、アヴァンギャルド時代からのロシア演劇の伝統を継承した演出を行っていると言えるだろう。

エイフマンの作品が同時代の欧米のコンテンポラリー・ダンスと異なり、強い感情や掘り下げられてゆく心理が身体で劇的に語られるのは、以上のように、エイフマンがロシア舞台芸術の優れた伝統を活用して、独自性のある新しいダンスを創造している結果なのである。

バレエ団創立当時は国家から疎んじられたが、エイフマンは、ロシアの舞台芸術の伝統を継承発展させる大きな役割を担ってきた。しかも、ソ連崩壊直後の国の混乱の時期に、多くのロシアのカンパニーが、財政難や人材の流出で十分な芸術活動を行っていなかったのに対し、九〇年代にはアメリカにプロモーターを得て毎年アメリカで新作を発表し五〇回もの公演を行い、ロシアのバレエのモダニズムを世界にアピールしてきたエイフマンは、世界の舞台芸術史の中で、すでに大きな存在となっている。

Ⅳ『アンナ・カレーニナ』

最後に、作品の一例として、エイフマンが最も得意とするロシア文学作品のバレエ化の一つ、『アンナ・カレーニナ』(初演二〇〇五年)について言及しておこう。

『アンナ・カレーニナ』全二幕

原作　レフ・トルストイ『アンナ・カレーニナ』

音楽　ピョートル・チャイコフスキー

第一幕

『弦楽セレナーデ』ハ長調作品四八第一楽章、組曲第一番ニ短調作品四三第一曲「序奏とフーガ」、交響的バラード『ヴォエヴォーダ』作品七八、組曲第一番ニ短調作品四三、第三曲「間奏曲」、『なつかしい土地の思い出』作品四二第二曲「スケルツォ」ハ短調、交響曲第六番ロ短調作品七四『悲愴』第一楽章、交

『アンナ・カレーニナ』アンナのソロ ©Souheil Michael Khoury（写真提供：ジャパン・アーツ）

響曲『マンフレッド』ロ短調作品五八第一楽章、幻想曲『フランチェスカ・ダ・リミニ』作品三二、弦楽六重奏曲『フィレンツェの思い出』ニ短調作品七〇第二楽章（弦楽合奏版）

第二幕

交響曲第二番ハ短調作品一七『小ロシア』第四楽章、幻想序曲『ハムレット』作品六七a、組曲第三番ト長調作品五五第四曲「主題と変奏」、同第一曲「悲歌」、交響曲第六番ロ短調作品七四『悲愴』第三楽章、『なつかしい土地の思い出』作品四二第一曲「瞑想曲」ニ短調、幻想曲『テンペスト』作品一八、幻想序曲『ロミオとジュリエット』

物語

第一幕

ペテルブルグで家族とともにすごすアンナ。幼い息子にあふれる愛情を注ぐ一方で、夫カレーニンとの関係は冷たい。

社交界の舞踏会で、アンナは若い将校ヴロンスキー伯爵と出会い、魅了される。以前からぎくしゃくしていた夫との仲が危うくなってきたとき、アンナとヴロンスキーと競馬場で再会し、恋に落ちる。

二人は理性を失い、密会して互いの愛を確かめ合う。妻の裏切りを知ったカレーニンの心は、激しく打ちのめされる。

帰宅したアンナは、夫と別れれば息子に会えなくなるという恐れや様々な不安から、夫のもとにとどまる。

第二幕

将校たちが酒を飲み浮かれ騒いでいるなか、ヴロンスキーは一人悩み苦しむ。

カレーニンもまた苦しんでいる。しかしアンナはヴロンスキーと生きる道を選び、夫を振り切って家を出る。

アンナとヴロンスキーは、ヴェネツィアを訪れる。カーニヴァルで浮かれ踊る人々に混じり二人も楽しむが、その幸せは長く続かない。

ペテルブルグに戻ったアンナに、社交界の人々が背を向ける。アンナは居場所を失う。絶望したアンナは、妄想にとらわれ、列車の前に身を投げてしまう。

エイフマンのバレエ『アンナ・カレーニナ』は、二〇〇五年に本拠地ペテルブルグで初演された。文豪レフ・トルストイの同名の長編小説を原作とするバレエは、エイフマン版以前に、マイヤ・プリセツカヤ版、アンドレイ・プロコフスキー版、以後にアレクセイ・ラトマンスキー版等々があるが、私の知る限り、ド

『アンナ・カレーニナ』アンナと夫カレーニンのデュエット ©Evgeny Matveev（写真提供：ジャパン・アーツ）

ラマの構築の上手さ、踊りでの感情表現の深さに関してエイフマンの創作に勝るものはない。それもそのはず、ドストエフスキー、ブルガーコフ等々の深淵な哲学に満ちた長編小説を、本質を的確にすくい取って凝縮し、二時間ほどの濃密な時間が流れるバレエにするのが、一九七七年に自らのバレエ団を結成した当初からの、エイフマンの創作法であり、特長なのである。

エイフマンは常に自ら台本を書くが、まず、その台本作家としての力量が、長編小説の短時間のバレエ化を可能にする。その台本の原則は、物語を説明するのではなく、登場人物の心理や感情の流れのみを紡いでゆくことである。小説で言葉を使って長々と吐露している思いは、身体表現では一気に強いインパクトで伝えられるということを、エイフマンは熟知している。『アンナ・カレーニナ』でも、主要登場人物をアンナ、夫カレーニン、青年ヴロンスキーに絞り、彼らのそれぞれの思いを表現するソロ、デュエット、トリオが、そのまま作品の流れとなっている。主要登場人物の気持ちの変化を一つ一つの踊りで明確にすることで、物語の流れが鮮やかに浮かび上がってくるのは、驚くばかりである。

もちろん、個々の踊りの感情表現が物語を構築する結果となっているのは、それらの振付とそれを踊るダンサーの表現力あってのことである。アンナと夫とのデュエットは、最初は冷たく形式ばった静的な動きであるが、ヴロンスキーと出会った後のものは、アンナの拒否や嫌悪の情が、ねじれたポーズのスケールの大きなリフトでの、激しい上昇や下降で明らかにされてゆく。一方アンナとヴロンスキーとのいくつものデュエットは、お互い率直な思いにあふれ、アンナは躊躇なくヴロンスキーの腕の中に飛び込んでゆく。しかし、その恋の興奮に突き動かされていたエネルギッシュな踊りは、穏やかな愛の語り合いへとニュアンスを変え、次第に、歪められたポーズを使う不協和音のデュエットへと変化してゆくのである。バレエの中で狂気を描くのもエイフマンの好む手法だが、この作品では、アンナが救いようのない状況に陥ってしまった終盤に、ソロで効果的に用いられている。

群舞の使い方も、ドラマ作りに大いに役立っている。主人公たちを渦中に埋もれさせたり際立たせたりする舞踏会や酒場の群舞は、全員が同じ衣裳を着ている。そして、主人公たちを冷たく退けている。こうすることで、群舞が全体として、主人公たちを取り巻く社交界のムードの体現となっているのである。

また、アンナが自殺する蒸気機関車の動力のイメージとして、黒ずくめの群舞が使われたアイデアも、興味深い。粗野で粋な振付自体が魅力的であるが、それ以上に、黒の集団がアンナを飲み込んでゆく自殺の表現の意外性、ドラマ性は、非常に効果的である。

最後に音楽について。エイフマンのバレエの音楽は、常に、既製の音楽をシーンに合わせて振付家自身が選びコラージュする。『アンナ・カレーニナ』は、ロジオン・シチェドリーンが妻プリセツカヤのために作曲した音楽もあるが、エイフマンは、愛する作曲家チャイコフスキーの様々な音楽を抜粋して構成している。『交響曲第二番』『テンペスト』『フランチェスカ・ダ・リミニ』『組曲第一番』『ロミオとジュリエット』『マンフレッド交響曲』『組曲第三番』等々、すべて様々な色合いの感情にあふれており、バレエのドラマ作りの強固な基盤となっている。秀逸な音楽選択である。

あとがき

本書で扱った振付家のうち、九五歳のグリゴローヴィチと七五歳のエイフマンは、現在も存命で創作活動を続けている。この二人は、現況では、振付家を主としたロシア・バレエ史を作る最後の世代なのかもしれないと思う。次の世代の世界的に高い評価を得ているロシア人振付家に、ボリショイ・バレエの元芸術監督アレクセイ・ラトマンスキーとボリショイ・バレエのプリンシパルであったユーリー・ポーソホフを挙げることができるが、二人は時折ボリショイやマリインスキー・バレエに振り付けるとはいえ、長年アメリカ在住で世界中のバレエ団に多くの作品を提供しており、ロシア・バレエの歴史を作る存在とは言えない。

ソ連が崩壊してから、もちろん芸術も東西の垣根がなくなり、ロシアだけでなく世界のバレエ団が自国ならではの作品を生むという意識が薄れている。世界中が同じ人気のブランドを身に着けるように、国内外を問わず優れた振付家の同じ作品を上演しようとする。あるいは、同じようなスタイルの作品を創ろうとする。

今後、世界バレエ界の演目のグローバリゼーションは、どのように進んで行くのだろうか。ロシアには、本書に書き記したように、厳しい状況のなかで無我夢中で、愛するバレエの創作を行った先人たちに培われた伝統があり、かつ、優れたワガーノワ・メソッドで育てられる、四肢や頭の動きが優美な調和を見せ、情感も豊かな名舞踊手たちが、今も次々と輩出されている。それだけに、彼らが最高の力を発揮する作品を創る、世界的な視野をもってロシア・バレエの美点を生かし切れる大才たちが現れて、いつか本書の続きが書き加えられることを願ってやまない。

本書の執筆を依頼してくださった東洋書店新社編集部の岩田悟さんには、まず厚くお礼を申し上げたい。執筆が遅れてしまっても辛抱強く待ってくださった岩田さんの優しさ、冷静さ、緻密で的確な原稿のチェックがなければ、この本は出版に漕ぎつけなかった。

バレエの研究書の翻訳やソヴィエト・バレエについてのたくさんのお話により、舞踊研究者として私を育ててくださり、舞踊評論の最初の仕事も下さった亡き野崎韶夫先生、大学と大学院で、誠実で緻密な研究をすることを自らの態度で教えてくださった亡き藤沼貴先生、大学院で母親のようなあたたかさで個人指導をしてくださった柳富子先生をはじめとする芸術研究の諸先生方と、睦真子先生、友田弘子先生をはじめとするバレエ、ダンスの諸先生方にも、心から感謝の言葉を申し上げたい。

そして、一九八〇年代末のモスクワ留学の際、入手困難なボリショイやマリインスキー（現在名）劇場のチケットを頻繁に入手してくれ、演目やソヴィエト・バレエ界について多くを教示してくれた亡き舞踊評論家ワジム・キセリョーフさん、プリセツカヤの秘書だった妻のターニャさんとペテルブルグの友人の方々、さらに、グリゴローヴィチ、エイフマン、カサートキナ等々へのインタビューや資料収集のサポートをしてくださった（株）ジャパン・アーツ、（株）光藍社の方々、長年の私の舞踊評論活動を支えてくださっている読売新聞の祐成秀樹さんをはじめとする記者の方々、ダンスマガジンの浜野文雄さんをはじめとする編集部の方々にも、あらためてお礼を申し上げたい。

そして最後に、レッスンと観劇で幼少からこのすばらしいバレエの世界へと私を導いてくれた両親と姉の前田弘子、常に私の著作やダンスの舞台に対して、率直に批判し時には感動を伝えて激励してくれる、芸術を愛する化学者の夫英樹と息子の涼に、感謝を伝えたい。

なお、このつたない本にたいして、読者の皆さんからも遠慮のないご批判をいただければ幸いである。

二〇二一年一二月

村山久美子

追記

今この本を出版しようとしている時に、プーチン政権ロシアがウクライナに侵攻し、戦争が勃発してしまった。ウクライナ国民もロシア国民も「戦争反対」を唱え、ロシア国内では、ボリショイ劇場などの芸術界の人々、科学者、ジャーナリスト等々が、戦争反対の署名運動を展開している。この戦争によって亡くなったウクライナとロシアの人々に深く哀悼の意を表するとともに、プーチン政権の暴挙を非難する世界が、ロシアの優れた芸術家たちにまでも背を向けないことを願うばかりである。芸術家が政治に苦しめられてきた長い歴史をもつ国であるだけに尚更である。

同『オペラ座の迷宮:パリ・オペラ座バレエの350年』新書館、2013年。

ダンスマガジン編『ダンス・ハンドブック』新書館、1991年。

同『バレエ・パーフェクト・ガイド改訂版』新書館、2012年。

ティーゲム、フィリップ・ヴァン『フランス・ロマン主義』辻昶訳、白水社、1977年。

ノヴェール、J.G.『舞踊とバレエについての手紙』小倉重夫、ダン・ケニー、青井陽治訳、春秋社、1968年。

野崎韶夫『ロシア・バレエの黄金時代』新書館、1993年。

『バレエ』第24号、音楽之友社、2002年。

平林正司『十九世紀フランス・バレエの台本：パリ・オペラ座』慶應義塾大学出版会、2000年。

平野恵美子「『帝室劇場年鑑』と1900 年代のペテルブルクにおけるバレエのレパートリー」『Slavistika』24号、東京大学大学院人文社会系研究科スラヴ語スラヴ文学研究室、2008年、79-113頁。

同『帝室劇場とバレエ・リュス：マリウス・プティパからミハイル・フォーキンへ』未知谷、2020年。

プティパ、マリウス『マリウス・プティパ自伝』石井洋二郎訳、新書館、1993年。

『魅惑のソビエト・バレエ』東出版、1980年。

村山久美子『知られざるロシア・バレエ史』東洋書店、2001年。

同『二十世紀の10大バレエダンサー』東京堂出版、2013年。

森田稔『永遠の「白鳥の湖」：チャイコフスキーとバレエ音楽』新書館、1999年。

ルセルクル、ジャン=ルイ『ルソーの世界：あるいは近代の誕生』小林浩訳、法政大学出版局、1993年。

ワガノワ、アグリッピナ『ワガノワのバレエ・レッスン』村山久美子訳、新書館、1996年。

■映像・公演

『海賊』プティパ改変版（初演1899年）、復元2007年ボリショイ・バレエ、DVD。

『コッペリア』プティパ改訂版（初演1894年）、復元2001年ノヴォシビルスク・オペラ・バレエ劇場、DVDと公演。

『眠れる森の美女』原典版（初演1890年）、復元1999年マリインスキー・バレエ、DVDと公演。

『白鳥の湖』原曲版（初演1895年）、復元2016年ミラノ・スカラ座バレエ、公演。

『バヤデルカ』原典版（初演1877年）、復元2002年マリインスキー・バレエ、公演。

『マリインスキー・バレエ・イン・パリ』2002年収録、DVD（『火の鳥』［初演1910年］、『薔薇の精』［同1911年］、『ポロヴェツの踊り』［同1909年］、『シェエラザード』［同1910年］）および公演。

『ライモンダ』原典版（初演1898年）、復元2011年、ミラノ・スカラ座バレエ、DVD。

『レ・シルフィード』（初演1909年）、1984年アメリカン・バレエ・シアター、DVD、および多数バレエ団の公演。

■インタビュー、講演

ヴィーハレフ、セルゲイ（インタビュー／翻訳：村山久美子）、1999年。

同「プティパ原典版『眠れる森の美女』について」（講演／通訳：村山久美子）、2003年。

エイフマン、ボリース（インタビュー／翻訳：村山久美子）、1987年、1993年、1994年、1996年、1997年。

ガエフスキー、ヴァジム「プティパのオリジナル版の復元について」（講演／通訳：村山久美子）、2003年。

カサートキナ、ナターリヤ（インタビュー／翻訳：村山久美子）、2013年。

マカーロワ、ナターリヤ（インタビュー／翻訳：村山久美子）、2009年。

Эфрос, А. Рисунки поэта. М., 1933.

■英語文献

Anderson, J. *Ballet & modern dance: A concise history.* Princeton, 1992.
Au, S. *Ballet & modern dance.* London, 1993.
Balanchine, George. *Balanchine's complete stories of the great ballets.* N.Y., 1977.
Beaumont, C. *Ballet design: Past & present.* London, 1946.
----. *Michel Fokine and his ballets.* N.Y., 1981.
Benois, A. *Reminiscences of Diaghilev ballet 1909-1929.* London, 1953.
Buckle, R. *Nijinsky.* N.Y., 1971.
Foregger, N. Experiments in the art of dance // *The drama review.* March 1975.
Gordon, M. Foregger and the dance of machines // *The drama review.* March 1975.
Grigoriev, S. *The Diaghilev ballet 1909-1929.* London, 1953.
Guest, I. *The romantic ballet in England.* London, 1954.
----. *The romantic ballet in Paris.* London, 1966.
----. *Jules Perrot: Master of the Romantic Ballet.* London, 1984.
Homans, J. *Apollo's angels: A history of ballet.* N.Y., 2010.
Horwitz, D. *Michel Fokine.* Boston, 1985.
Lieven P. *The birth of ballet russes.* London, 1956.
Noverre, J. *The works of Monsieur Noverre.* London, 1974.
Scholl, T. *From Petipa to Balanchine.* London & N.Y., 1994.
Stites, R. *Revolutionary dream.* N.Y., 1989.
The Paris Opéra: Rococo and romantic, 1715-1815. London, 1985.
Wiley, John. *Tchaikosky's ballets.* N.Y., 1991.
----. *The life and ballets of Lev Ivanov.* N.Y., 1997.
Winter, M. *The Pre-Romantic ballet.* London, 1974.

■日本語文献

赤尾雄人『これがロシア・バレエだ!』新書館、2010年。

アンダソン、ジャック『バレエとモダン・ダンス：その歴史』湯河京子訳、音楽之友社、1993年。

薄井憲二『バレエ：誕生から現代までの歴史』音楽之友社、1999年。

キーワード事典編集部編『バレエ・ダンスの饗宴』洋泉社、1995年。

グリゴリエフ、セルゲイ『ディアギレフ・バレエ年代記1909-1929』薄井憲二監訳、森瑠依子ほか訳、平凡社、2014年。

クレイン、デブラ・マックレル、ジュディス『オックスフォード　バレエダンス事典』鈴木晶監訳、赤尾雄人・海野敏・鈴木晶・長野由紀訳、平凡社、2010年。

ゲスト、アイヴァ『パリ・オペラ座バレエ』鈴木晶訳、平凡社、2014年。

佐々木涼子『バレエの歴史：フランス・バレエ史:宮廷バレエから20世紀まで』学習研究社、2008年。

鈴木晶『踊る世紀』新書館、1994年。

同編著『バレエとダンスの歴史：欧米劇場舞踊史』平凡社、2012年。

Сахновский, В. Крепостной усадебный театр. Л., 1924.

Светлов, В. Современный балет. СПб., 1911.

Слонимский, Ю. Мастера балета. Л., 1937.

----. Дидло. Л., 1940.

----. Советский балет. М.-Л., 1950.

----. П. И. Чайковский и балетный театр его времени. М., 1956.

----. Дидло. Л-М., 1958.

----. Балетные строки Пушкина. Л., 1974.

Советский балетный театр. 1917-1967. М., 1976.

Станюкович, В. Домашний крепостной театр Шереметевых 18 в. Л., 1927.

Стравинский, И. Хроника моей жизни. Л., 1963.

----. Диалоги. Воспоминания. Размышления. Комментарии. Л., 1971.

Ступников, И. Театр оперы и балета имени С. М. Кирова. Л., 1976.

Сумароков, А. Полное собрание всех сочинений в стихах и прозе в 10 томах. М., 1787.

----. Драматические сочинения. Л., 1990.

Суриц, Е. Хореографическое искусство двадцатых годов. М., 1979.

Сын отечества. № 48. 1818.

Театр Леонида Якобсона. СПб., 2010.

Тейдер, В. Иосиф Прекрасный // Советский балет. № 3-4. М., 1991.

Теляковский, В. Воспоминания. Л.-М., 1965.

----. Дневники директора императорских театров 1913-1917. Санкт-Петербург. М., 2017.

Федоров, В.В. Репертуар Большого театра СССР 1776-1955 Том I: 1776-1856. N.Y., 2001.

Фокин, М. Умирающий лебедь. Л., 1961.

----. Против течения. Л., 1962.

----. Против течения. Л., 1981.

Чайковский и театр: Статьи и материалы. М.-Л., 1940.

П. И. Чайковский на сцене театра оперы и балета им. С. М. Кирова (Мариинский): 1840-1940. Л., 1941.

Чайковский, П.И. Музыкально-критические статьи. Л., 1986.

Чепалов, А. Черный лебедь Н. Форегтера // Советский Балет. № 3. 1984.

----. О Фореггере и не только о нем… // Музыкальная жизнь. № 8. 1988.

----. Судьба пересмешника, или Новые странствия Фракасса. Харьков, 2001.

Князь Шаликов. Путешествие в Малороссию. М., 1803.

Шереметев, М. Записки актера Щепкина. М.-Л., 1933.

Шереметев, С.Д. Татьяна Васильевна Шлыкова. СПб., 1911.

Шереметьевская, Н.Н. Форрегер // Театр. № 5. 1972.

----. Танец на эстраде. М., 1985.

Штелин, Я. Музыка и балет в России XVIII века. Л., 1935.

Шувалов, Н. Пушкин и балет. // Пушкин и искусство. Л.-М., 1937.

Щепкин, М. Записки актера Щепкина. М.-Л., 1933.

Эльяш, Н. Авдотья Истомина. Л., 1971.

Эткинд, М. А. Н. Бенуа и русская художественная культура кон. XIX – нач. XXв. Л., 1989.

----. Нижинский. Л., 1974.
----. Западноевропейский балетный театр: Эпоха Новерра. Л., 1981.
----. Западноевропейский балетный театр: Преромантизм. Л., 1983.
Куницин, О. Балеты А. К. Глазунова. М., 1989.
Кшесинская, М. Воспоминания // Balets Russes. М., 1992.
Левенков, О. Джордж Баланчин. Пермь, 2007.
Левинсон, А. Старый и новый балет. П., 1917.
Лесков, Н.С. Тупейный художник // Собр. соч.: В 11т. М., 1957, Т.7.
Летопись русского театра: 1673-1825 / сост. Арапов, П. СПб., 1861.
Лешков, Д. Мариус Петипа (1822-1910): К столетию его рождения. П., 1922.
Либретто балетов Мариуса Петипа: Россия 1848-1904. СПб., 2018.
Лифарь, С. Дягилев. СПб., 1993.
Лопухов, Ф. Пути балетмейстера. Берлин, 1925.
----. Жизнь и смерть // Рабочий театр. № 39 (26 сентября). 1926.
----. Шестьдесят лет в балете. М., 1966.
----. Хореографические откровенности. М., 1972.
Львов-Анохин, Б. Уланова. М., 1954.
Мариус Петипа на мировой балетной сцене. СПб., 2018.
Мариус Петипа: Материалы, воспоминания, статьи. Л., 1971.
Мир искусства. СПб., 1899-1904.
Модзалевский, Б. К истории «Зеленой лампы» // Декабристы и их время. Т.1. М., 1928.
Музыкальный Петербург. Энциклопедический словарь Том I. XVIII век. СПб., 1996.
Новерр, Ж.Ж. Письма о танце. СПб., 2007.
Петербургский балет. Три века: хроника. Том I. XVIII век. СПб., 2014.
Петербургский балет. Три века: хроника. Том II. 1801-1850. СПб., 2014.
Петербургский балет. Три века: хроника. Том III. 1851-1900. СПб., 2015.
Петербургский балет. Три века: хроника. Том IV. 1901-1950. СПб., 2015.
Петербургский балет. Три века: хроника. Том V. 1951-1975. СПб., 2016.
Петербургский балет. Три века: хроника. Том VI. 1976-2000. СПб., 2017.
Петипа, Мариус. Мемуары М. Петипа. СПб., 1996.
----. «Мемуары» и документы. М., 2018.
Петров, О.А. Русская балетная критика конца XVIII - первой половины XIX века. М., 1982.
Плещеев, А. Наш балет: 1673-1896. СПб., 1896.
----. М. И. Петипа (1847-1907). СПб., 1907.
----. Наш балет (1673-1899). СПб., 2009.
Попова, Н. Крепостная актриса. СПб., 2001.
Пушкин, А.С. Полн. собр. соч. в 17томах. М.-Л., 1937-1959.
Пушкин в воспоминаниях современников. М., 1950.
Репертуар // Современный театр. М., 1924-1927.
Русский балет. М., 1997.
Русский музыкальный театр 1700-1835гг.: Хрестоматия. Л.-М., 1941.

----. История русского театра. Л.-М., 1929.
Гаевский, В. Дом Петипа. СПб., 2000.
Гацисский, А.С. Нижегородский театр. Н.-Новгород, 1867.
Герцен, А.И. Сорока-Воровка // Собр. соч.: В 30т. М., 1955, т.4.
Глушковский, А. Воспоминания балетмейстера. Л.-М.,1940.
Гозенпуд, А. Музыкальный театр в России: от истоков до Глинки. Л., 1959.
Гроссман, Л. Пушкин в театральных креслах. М., 1926.
Гурков, И.М. и др. Ленинградское хореографическое училище имени А. Я. Вагановой: 1738-1988. Л., 1988.
Давлекамов, С. Галина Уранова. М., 2005.
Демидов, А. Лебединое озеро // Шедевры балета. М., 1985.
Дидло, Ш. Либретто балета «Ацис и Галатея». СПб., 1816.
----. Либретто балета «Кавказский пленник». СПб., 1823.
Добровольская, Г. (сост.) «Жар птица» и «Петрушка» И. Ф. Стравинского. Л., 1963.
Добровольская, Г.Н. Федор Лопухов. Л., 1976.
----. Щелкунчик // Шедевры балета. СПб., 1996.
----. Фокин. СПб., 2004.
Дризен, Н.В. Шикловский балет // Столица и усадьба. № 12-23. 1914.
Дынник, Т. Крепостной театр. М.-Л., 1933.
Ежегодник императорских театров. СПб., 1898-1910.
Елизарова, Н.А. Театры Шереметевых. М., 1944.
Жар-птица и Петрушка И. Ф. Стравинского. Л., 1963.
Житмировский, Д.В. Балеты Чайковского. М., 1957.
Зарибин, В. Большой театр. Первые постановки балетов на русской сцене 1825-1997. М., 1998.
Захаров, Р. Искусство балетмейстера. М., 1954.
----. Записки балетмейстера. М., 1976.
Звездочкин, В. Творчество Леонида Якобсона. СПб., 2007.
Иванов, И. М.Фокин. П., 1923.
Илларионов, Б. Петипа. Этюды. СПб., 2018.
Иосиф Прекрасный. Л., 1929.
Касьян Голейзовский: Жизнь и творчество. М., 1984.
Кашин, Н.П. Н. Б. Юсупова. М., 1927.
Кашкин, Н. Избр. статьи о П. И. Чайковском. М., 1957.
Келдыш, Ю.В. Музыкальная энциклопедия 3. М., 1976.
----. Музыкальная энциклопедия 5. М., 1981.
Константинова, М. Спящая красавица // Шедевры балета. М., 1990.
Коптелова, Е. Игорь Моисеев - академик и философ танца. СПб. 2012.
Коршунова, Н. Мысль о танце – критика и московский балет начала XX века. СПб., 2019.
Красовская, В. Русский балетный театр: От возникновения до середины 19 века. М.-Л., 1958.
----. Русский балетный театр второй половины XIX века. Л.-М., 1963.
----. Русский балетный театр начала XX века. Л., 1971.

参考資料

■ロシア語文献

Анна Павлова: 1881-1931. М., 1956.

Арсеньев, И.А. Слово живое о неживых // Исторический вестник. Т.27. 1887.

Асеев Б.Н. Русский драматический театр: От истоков до конца 18 века. М., 1977.

Ашукин, Н.С. и др. Хрестоматия по истории русского театра 18 и 19 вв. Л.-М., 1940.

Бабочка. № 78. 1829.

Балет. № 6-7. М., 1998.

Балет. № 7-8. М., 2001.

Балет. № 7-8. М., 2005.

Балет. № 7-8. М., 2006.

Балет. Энциклопедия / Гл. ред. Ю.Н.Григорович. М., 1981.

Балетмейстер А. А. Горский. СПб., 2000.

Балетмейстер Юрий Григорович. М., 2005.

Балетмейстер Мариус Петипа. М., 2006.

Балеты М. И. Петипа в Москве. М., 2017.

Бальмонт, К. Избранное. М., 1980.

Бахрушин, Ю. Балеты Чайковского и их сценическая история // Чайковский и театр. М., 1940.

----. История русского балета. М., 1965.

----. История русского балета: Учеб. пособие для ин-тов культуры, театр., хореограф. и культ.-просвет. училищ / Под ред. Ю.М.Соболева. 3-е изд. М., 1997.

Безсонов, С.В. Архангельское. М., 1937.

Белинский, В.Г. Полн. собр. соч. Т.8. М., 1955.

Бенуа, А. Книги четвертая и пятая // Мои воспоминания. М., 1990.

Бескин, Э. Крепостной театр. М.-Л., 1927.

Бланков, Б. Краткая история русского балета. СПб., 2006.

Блок, Л. Классический танец. История и современность. М., 1987.

Большой театр и музей 1918-2018. М., 2018.

Борисогребский, М.(сост.) Материалы по истории русского балета. Т.2. Л., 1939.

Вайнонен, Н. Балетмейстер Вайнонен. М., 1971.

Вальберх, И. Из архива балетмейстера. СПб., 2007.

Ванслов, В.В. Балеты Григоровича и проблемы хореографии. М., 1971.

----. Большой театр. М., 1981.

Васильева, В. (сост.) Касьян Голейзовский. М., 1984.

Величие мироздания. Пг., 1922.

Всеволодская-Голушкевич, О. Балеты Александра Сумарокова // Балет. № 4. 1986, С.37-40.

Всеволодский, В. История русского театра. Л.-М., 1929.

Всеволодский-Гернгросс, В.Н. Театр в России при императрице Анне Иоанновне и императоре Иоанне Антоновиче. СПб., 1914.

ら、わ行

ま行

さ行

た、な行

は行

事項さくいん

ま、や行

ら行

わ行

人名さくいん

あ行

か行

さ行

た、な行

は行

［著者］
村山久美子（むらやま・くみこ）
舞踊史・ロシア舞台芸術史家、舞踊評論家。ロシア語翻訳・通訳。早稲田大学大学院博士課程満期修了。ハーバード大学大学院、ロシア国立プーシキン記念ロシア語大学留学。早稲田大学、工学院大学、東京経済大学、昭和音楽大学で非常勤講師として、舞踊史、ロシア・バレエ史、ロシア語の講義、ストリートダンスの実技を担当。舞踊評論家として、読売新聞、日経新聞、『ダンスマガジン』、各種公演プログラム等々に、1980年代前半から舞踊評論を寄稿。著書に、『二十世紀の10大バレエダンサー』（東京堂出版）、『知られざるロシア・バレエ史』（東洋書店）他。訳書に、『ワガノワのバレエレッスン』（新書館）他。ほかに論文多数。舞踊歴50年以上。

バレエ王国ロシアへの道

著　　者　村山久美子

2022年3月20日　初版第1刷発行

発 行 人　揖斐 憲
発　　行　東洋書店新社
〒150-0043 東京都渋谷区道玄坂1-22-7 道玄坂ピアビル4階
電話 03-6416-0170　FAX 03-3461-7141

発　　売　垣内出版株式会社
〒158-0098 東京都世田谷区上用賀6-16-17
電話 03-3428-7623　FAX 03-3428-7625

装　　丁　伊藤拓希（cyzo inc.）
印刷・製本　中央精版印刷株式会社

落丁・乱丁本の際はお取り替えいたします。定価はカバーに表示してあります。

ISBN978-4-7734-2046-3